尽善尽美  弗求弗迪

小团队管理的九项基本功

杨帅仪 著

电子工业出版社
Publishing House of Electronics Industry
北京·BEIJING

未经许可，不得以任何方式复制或抄袭本书之部分或全部内容。
版权所有，侵权必究。

图书在版编目（CIP）数据

小团队管理的九项基本功 / 杨帅仪著. —北京：电子工业出版社，2023.5

ISBN 978-7-121-45377-9

Ⅰ.①小… Ⅱ.①杨… Ⅲ.①团队管理 Ⅳ.①C936

中国国家版本馆CIP数据核字（2023）第060855号

责任编辑：王小聪　　　　　　特约编辑：田学清
印　　刷：三河市鑫金马印装有限公司
装　　订：三河市鑫金马印装有限公司
出版发行：电子工业出版社
　　　　　北京市海淀区万寿路173信箱　　邮编：100036
开　　本：880×1230　1/32　印张：10.625　字数：219千字
版　　次：2023年5月第1版
印　　次：2023年5月第1次印刷
定　　价：69.00元

凡所购买电子工业出版社图书有缺损问题，请向购买书店调换。若书店售缺，请与本社发行部联系，联系及邮购电话：（010）88254888，88258888。

质量投诉请发邮件至zlts@phei.com.cn，盗版侵权举报请发邮件至dbqq@phei.com.cn。

本书咨询联系方式：（010）57565890，meidipub@phei.com.cn。

前 言

为什么要写本书

管理小团队的复杂程度不亚于管理大团队。

很多小团队管理者在第一次做管理前通常是业务能力突出的高手,开始带团队后却变得无所适从、难以适应。在没有系统学习管理基本功的前提下,他们只能依靠自身的直觉、品德、感情,很容易落入管理陷阱。

实际上,管理学的发展历史非常悠久,其知识体系已经非常完善,但市面上鲜有通俗易懂的书籍能把"高高在上"的管理经典与"磕磕绊绊"的小团队管理实践结合起来,做到既不违背管理学的基本常识,又没有作者的主观臆断,还能实实在在地解决一线管理难题。

基于此,作者结合了十多年的团队管理经验和研究,写了本书,希望能为读者答疑解惑。

本书值得读吗

首先,这是一本有用的书。

实用性是本书的立足点和出发点。本书的前九章包含管理案例,这些管理案例均改编自真实事件,既可以帮助读者快速融入情境,也可以让读者带着解决问题的目标感,从书中寻找答案。

其次,这是一本容易阅读的书。

本书语言通俗易懂,将经典的管理理论与小团队管理实践中的问题相结合,层层深入、抽丝剥茧,降低了读者的阅读门槛,可读性较强。

最后,这是一本知识体系严谨的书。

本书的编排架构基于小团队管理者的能力素质模型,精选了小团队管理者最需要掌握的九项管理基本功,帮助读者建立自己的管理知识体系,跨越管理门槛,从管理新手转变为管理达人。

本书的特色

- 实用性:从实践中来、到实践中去,理解知识、运用知识、解决问题。
- 理论性:既有实践,又有理论,理论为实践服务。结合实践有助于进一步理解理论。
- 易读性：语言通俗易懂、结构灵活，读者可从任意一章开始阅读。

本书包括什么内容

本书内容可以分为两个部分：第一部分侧重理论，第二部分侧重实践。

第一部分主要介绍小团队管理者最需要掌握的九项管理基本功，包括管理者角色认知、树立威信、招聘人才、知人善任、绩效管理、团队激励、培养员工、向上管理、跨部门项目协作。每一章都提供了改编自真实事件的管理案例，读者可以带着问题阅读每一章的内容。在"本章小结"中，读者可以结合每一章的知识点，解决管理案例中提出的问题，活学活用、学以致用。

第二部分主要介绍两种特殊小团队的管理要点，它们分别是家庭小团队和创业型小团队。

作者介绍

杨帅仪，创业者、管理咨询顾问、团队管理类课程研发专家。2010 年毕业于中山大学并获得硕士学位，先后担任凯洛格咨询公司管理咨询顾问和项目经理、广州思酷公司课程部经理，2016 年创办广州学到信息科技公司，并担任首席课程开发师，进一步聚焦小团队管理、中基层管理的研究和课程开发。其主导开发的团队管理类课程曾被平安集团、华润银行、保利地产、全友家私、科大讯飞、九毛九等上百家企业采用，覆盖学员数十万人。

本书读者对象

- 小团队管理者。
- 中基层管理者。
- 新任团队管理者。

目　录

第 1 章　管理小团队的挑战 / 001

1.1　认识小团队 / 001

1.2　管理小团队的九个挑战和九项基本功 / 003

1.3　成为小团队管理者的第一个挑战 / 006

1.4　管理者角色认知 / 008

  1.4.1　管理者的根本职责是什么 / 008

  1.4.2　做一名好的管理者意味着什么 / 010

1.5　刚转型做管理会遇到怎样的困难 / 012

  1.5.1　困难一：避开"员工思维"的陷阱 / 012

  1.5.2　困难二：跨越不会管理的鸿沟 / 016

1.6　有信心，你也能成为出色的管理者 / 019

  1.6.1　不是"超人"，一样能做好管理 / 019

  1.6.2　性格内向、不善社交的人能做好管理吗 / 023

  1.6.3　你具备成为优秀管理者的 3 个条件吗 / 025

  1.6.4　要想做管理，你不需要成为沟通高手 / 030

1.7　开始行动，从这些事情做起 / 032

  1.7.1　和你的上级聊一聊 / 032

  1.7.2　和你的下属聊一聊 / 034

1.8　本章小结 / 037

第 2 章 管理小团队需要有威信 / 039

2.1 下属不服管，我该怎么办 / 039

2.2 认识威信 / 041

2.3 树立威信的"硬方法" / 043

    2.3.1 利用审批权 / 044

    2.3.2 利用决策权 / 045

    2.3.3 利用奖惩权 / 046

    2.3.4 好朋友成了上下级，还能做好朋友吗 / 047

2.4 树立威信的"软方法" / 049

    2.4.1 理解并解读上级的意图 / 049

    2.4.2 懂业务 / 050

    2.4.3 会管理 / 052

    2.4.4 关心下属 / 053

2.5 用业绩快速树立威信 / 057

2.6 给自己一点时间 / 060

2.7 本章小结 / 061

第 3 章 组建小团队，怎样招聘合适的人才 / 064

3.1 我招错人了吗 / 064

3.2 招聘前要做好哪些准备 / 066

    3.2.1 提前规划，招聘未来发展需要的人才 / 067

    3.2.2 招聘渠道是内部选拔还是外部招聘 / 069

3.3 面试的关键技巧 / 070

    3.3.1 面试不能靠"眼缘"，应该靠什么 / 071

3.3.2 学习能力很重要，应该如何考察 / 074
3.3.3 招聘中的常见误区 / 077
3.4 面试后应该录用谁 / 081
3.4.1 弄清楚应聘者为什么想加入你的团队 / 081
3.4.2 可以录用能力突出但有缺点的人吗 / 083
3.5 录用后如何留住人才 / 085
3.6 本章小结 / 088

第 4 章　做小团队管理者，你懂得用人策略吗 / 090

4.1 曾经的上级变成了如今的下属，我该怎么管理 / 090
4.2 用人的两项核心原则 / 092
4.2.1 原则一：用人所长 / 092
4.2.2 原则二：根据不同的情境选择不同的管理策略 / 093
4.3 如何指导眼高手低的新员工 / 095
4.4 如何管理能力差但有背景的员工 / 099
4.4.1 第一步，反馈事实 / 100
4.4.2 第二步，具体指导 / 101
4.4.3 第三步，及时认可 / 101
4.5 如何管理资历比自己深的员工 / 103
4.6 如何留住高绩效的优秀员工 / 108
4.7 如何征服"老油条"型员工 / 112
4.8 如何揪出团队中的"南郭先生"型员工 / 115
4.9 本章小结 / 117

第 5 章　小团队怎么做绩效管理／120

5.1　杨经理的困惑／120

5.2　为什么你的绩效管理没有用／122

5.3　设定目标，让员工产生行动的冲动／124

　　5.3.1　目标从哪里来／125

　　5.3.2　如何通过目标解读激发员工的积极性／127

　　5.3.3　让 SMART 原则成为团队的工作习惯／130

5.4　绩效辅导怎么做才有效／133

　　5.4.1　绩效辅导前的准备／133

　　5.4.2　绩效辅导的 3 种方式／136

　　5.4.3　注意区分辅导者和评估者的角色／141

5.5　绩效考核／144

　　5.5.1　谁应该得 A 类绩效／144

　　5.5.2　怎么让所有人都满意自己的绩效得分／147

5.6　反馈是员工持续提升的法宝／149

　　5.6.1　对反馈的常见误解／150

　　5.6.2　你会表扬吗？强化型反馈的关注点是行为／152

　　5.6.3　改进型反馈：当员工做错的时候，怎么说更好／154

　　5.6.4　综合型反馈：绩效面谈 3 步法／157

5.7　本章小结／160

第 6 章　懂得激励，让员工从被动变为主动／163

6.1　员工不爱工作怎么办／163

6.2　激励的底层逻辑／165

6.2.1 激励的起源：人为什么要工作 / 165
 6.2.2 激励的原理："双因素理论" / 166
 6.2.3 利用工作带来的满足感 / 169
 6.2.4 为什么不能指望员工对工作感兴趣 / 173
6.3 小团队管理者可用的激励方法 / 175
 6.3.1 工资怎么加、奖金怎么分，才有激励效果 / 175
 6.3.2 管理者如何解放自己、激发员工 / 180
 6.3.3 好心帮员工做事有错吗 / 182
 6.3.4 为什么当客户说"就这样吧"时我高兴不起来 / 184
 6.3.5 3种常用的激励方法 / 186
6.4 如何激励整个团队 / 189
 6.4.1 创建积极的团队文化 / 189
 6.4.2 建立激励机制 / 192
6.5 本章小结 / 194

第7章 培养员工，让员工成为精兵强将 / 196

7.1 我最器重的下属竟然离职了 / 196
7.2 人才盘点：不同员工的培养策略 / 198
 7.2.1 A类员工的培养策略：给平台 / 199
 7.2.2 B类员工的培养策略：给机会 / 202
 7.2.3 C类员工的培养策略：要么前进，要么出局 / 205
 7.2.4 人才盘点小结 / 208
7.3 怎么培养才能留住核心人才 / 210
 7.3.1 培养核心人才为什么要看人品 / 210
 7.3.2 为核心人才制订个人发展计划 / 213

7.4　别犹豫，培养员工是管理者晋升的阶梯 / 217
7.5　本章小结 / 222

第 8 章　向上管理，如何与上级相处 / 224

8.1　这样的领导叫我如何是好 / 224
8.2　向上管理的本质 / 227
　　8.2.1　向上管理真的是"管理"上级吗 / 227
　　8.2.2　向上管理是拍上级马屁吗 / 229
　　8.2.3　做好了本职工作还需要进行向上管理吗 / 230
　　8.2.4　向上管理的本质是支持上级 / 230
8.3　向上管理的基本原则 / 232
　　8.3.1　原则一：常汇报，尊重上级的知情权 / 232
　　8.3.2　原则二：为上级节省时间 / 233
　　8.3.3　原则三：适应上级，而非改变上级 / 234
8.4　向上管理的方法 / 238
　　8.4.1　你理解上级吗？找准上级的需求 / 238
　　8.4.2　为什么和上级没默契？了解并适应上级的风格偏好 / 241
　　8.4.3　向上级汇报方案总被否决？你是否有备选方案 / 243
　　8.4.4　在不赞同上级的时候应该怎么办 / 246
8.5　向上管理的级别 / 248
　　8.5.1　第一层，"用得上" / 249
　　8.5.2　第二层，"信得过" / 250
　　8.5.3　第三层，"离不开" / 251
8.6　本章小结 / 253

第 9 章　管理协作，如何搞定跨部门项目 / 257

9.1　令人头疼的跨部门项目 / 257
9.2　认识跨部门项目 / 259
　　9.2.1　我们为什么需要跨部门项目 / 259
　　9.2.2　跨部门项目中存在的挑战 / 260
9.3　破解跨部门项目实施过程中的难题 / 263
　　9.3.1　项目开始前：请对方协助，不如给对方利益 / 263
　　9.3.2　项目开始后：确保执行效率的两个关键点 / 268
　　9.3.3　项目结束后：兑现承诺、庆祝成功、总结经验 / 270
9.4　本章小结 / 272

第 10 章　家庭小团队的管理 / 274

10.1　为什么要专门写本章内容 / 274
10.2　如何"管理"爱人 / 275
　　10.2.1　重新进行角色定位 / 275
　　10.2.2　用向上管理的理念"管理"爱人 / 278
　　10.2.3　爱人爱发脾气怎么办 / 280
　　10.2.4　爱人不做家务怎么办 / 283
　　10.2.5　怎么做可以让爱人更爱我 / 286
　　10.2.6　凭什么每次吵架都是我先认错 / 288
10.3　如何"管理"孩子 / 289
　　10.3.1　培养孩子，而不是管控孩子 / 290
　　10.3.2　用激励来引导孩子对学习"感兴趣" / 293
　　10.3.3　用反馈来帮助孩子改进 / 297

10.4 从管理的视角看待晚辈和长辈的关系 / 301

    10.4.1 重新进行角色认知 / 301

    10.4.2 怎么做才能让辛劳的父母更开心 / 303

    10.4.3 为什么父母宁肯做清洁工也不要儿女的钱 / 304

10.5 本章小结 / 306

第 11 章　创业型小团队的管理 / 308

11.1 组建创业型小团队的第一件事——招人 / 308

    11.1.1 招聘正式员工要谨慎 / 309

    11.1.2 尽量避免招聘新手 / 311

11.2 创业型小团队管理者的角色 / 314

    11.2.1 管理者既是老板，也是业务员 / 314

    11.2.2 做管理者，关键是以身作则 / 316

11.3 激发员工的战斗力 / 318

    11.3.1 用目标管理员工 / 318

    11.3.2 用文化激励员工 / 319

11.4 本章小结 / 322

第 1 章　管理小团队的挑战

小团队管理的两个典型特征决定了管理小团队不像很多人想象中那样轻松，"只要上任了，自然就什么都会了"是不现实的，管理小团队充满了挑战。

1.1　认识小团队

小团队一般是 10 人以内的团队，它与大团队有明显的不同，不仅仅是人数上的区别，更为关键的是，由于人数上的区别，小团队的管理结构通常只有一级，即管理者直接管理所有员工，如图 1-1 所示。

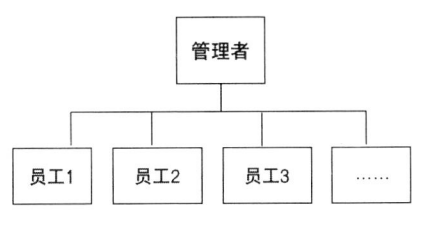

图 1-1　小团队的管理结构

大团队则不然，当团队中人数较多的时候，管理者很难直接管理所有员工。

我曾带领过一个 20 人的中型团队。当时流行扁平化管理，一开始，所有员工都直接向我汇报工作，我直接管理他们，这让我筋疲力尽，仅仅做一次月度绩效面谈就要花费几乎一周的时间。即使如此，我也难以关注和了解所有员工的工作状态、想法、诉求。

后来，我对团队进行了分组管理，每一组选出一名主管，让他们带领 3～5 名员工。在这种模式下，主管成为小团队管理者，我只需要管理这些主管就可以了。大团队的管理结构如图 1-2 所示。

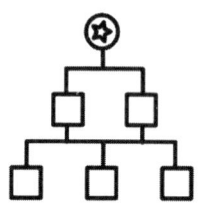

图 1-2 大团队的管理结构

通过以上描述，我们不难得出小团队管理的第一个典型特征，即小团队管理者需要对一线员工进行直接管理。

小团队管理者是什么样的人呢？他们是否已经具备了足够的管理经验呢？

其实，小团队管理者通常是第一次做管理。

没有任何管理经验的人一开始就管理一个大团队，这在现实世界中几乎是不可能的,大多数管理者的管理生涯是从管理小团队开始的。

基于此,我们得出了小团队管理的第二个典型特征,即小团队管理者通常是第一次带团队、做管理,缺乏系统的管理知识和管理经验。

小团队管理的两个典型特征决定了管理小团队不像很多人想象中那样轻松,面对管理小团队的挑战,管理者急需夯实管理基本功。

1.2 管理小团队的九个挑战和九项基本功

第一个挑战是管理者角色认知。

很多人在正式成为小团队管理者之前曾是"一个顶俩"的业务能手,开始做管理后,还是按照业务员的思维方式做事。

这种思维方式难以激发团队成员的主动性,管理者以为只要自己冲在最前面,其他人就会模仿、追随,当发现没有多少追随者之后,便开始泄气了。

正确认知管理者角色并成功转型,像真正的管理者那样采取行动,是小团队管理者应该掌握的第一项基本功。

第二个挑战是树立威信。

当你信心满满地准备推行一项新的计划或改革的时候,有资历的老员工带头质疑你的决策,让你有心无力。

有条不紊地快速树立威信，让大家心服口服地追随自己，是小团队管理者应该掌握的第二项基本功。

第三个挑战是招聘人才。

很多小团队管理者需要亲自招聘人才，招聘是比较专业的工作，仅仅凭感觉、"眼缘"招人是不行的。

那么，小团队管理者应该如何避开招聘中的常见误区，招聘到合适的人才呢？

规划岗位需求、做好人才画像，并在招聘过程中考察应聘者的真实情况，录用合适的人才，是小团队管理者应该掌握的第三项基本功。

第四个挑战是知人善任。

如果不懂得用人策略，管理者就很难协调各种人际关系。

曾经的上级成为现在的下属，该怎么管？

新员工该怎么管？

"老油条"型员工该怎么管？

是成为能够驾驭各种人才的用人高手，还是甘做只能管理"听话"型员工的平庸管理者呢？

知人善任是小团队管理者应该掌握的第四项基本功。

第五个挑战是绩效管理。

每个团队都有绩效管理的工作，为员工做绩效考核是小团队管理者的基本工作职责之一。关键问题是，绩效管理只要打个分就够了吗？

正确认识绩效管理，并通过恰当的方式提升团队和员工的绩效，是小团队管理者应该掌握的第五项基本功。

第六个挑战是团队激励。

如果分配任务只能靠强制安排，一旦管理者不在，员工就会"放飞自我"，那么，与其说员工的职业素质不高，不如说管理者的管理能力不足。

让员工主动工作，而不是监督他们工作，是小团队管理者应该掌握的第六项基本功。

第七个挑战是培养员工。

小团队里的很多员工渴望发展和成长，越优秀的员工越是如此，他们更注重发展前景。如果你忽视了这一点，一旦他们遇到发展瓶颈，就会离你而去。

进行人才盘点，并针对不同的人才制定不同的培养策略，留住核心人才，是小团队管理者应该掌握的第七项基本功。

第八个挑战是向上管理。

对于小团队管理者来说，上级的要求往往是团队的工作目标。如何领会上级的意图并高效落实？如何获取上级的信任和支持？如何说服上级听从你的意见或接受你的方案？

向上管理是小团队管理者应该掌握的第八项基本功。

第九个挑战是跨部门项目协作。

小团队管理者的工作不仅来自团队内部，还经常来自团队外部，如协同同级兄弟部门完成项目，尤其是能够出业绩的、跨部门、跨专业的大型项目。

让同级兄弟部门主动参与并顺利完成跨部门项目，是小团队管理者应该掌握的第九项基本功。

以上九个挑战对应着小团队管理者应该掌握的九项基本功。

在接下来的内容里，我会逐一对它们进行详细介绍。

● 1.3　成为小团队管理者的第一个挑战

有人说，刚开始做管理就像刚当爸爸一样，都会经历"孕育期"的期待和"降生"后的喜悦，之后也都会经历手忙脚乱的过程。

不同之处在于，人们对新手爸爸往往比较宽容，对新任管理者却不会，认为新任管理者应该早已做好准备，并且应该比上一任管理者做得更好。

"我是谁""我该怎么办""我能做到吗"……源源不断的压力会让新任管理者不停地怀疑自己。

下面是一个改编自真实事件的管理案例，看一看你能否从中找到共鸣。

张丽在公司做业务员已有三年，近两年，她的销售业绩稳步增长，独占鳌头。几个月前，公司扩大了销售队伍，组建了新的销售二部。由于业绩出色，张丽被提拔为销售二部的主管，管理五名下属。

为了尽快做出业绩，张丽把所有时间都花在了工作上，白天约见客户，晚上和同事们开会、复盘，每天都加班加点地努力工作。

令人意想不到的是，虽然她如此努力，整个团队的业绩却不尽如人意，有几名下属的业绩与之前相比明显下降。不仅如此，她无意中还从其他同事口中听到了下属对自己的吐槽，说她只顾自己的业绩，把有机会成大单的客户都抢走了，只把小客户留给下属。

张丽心里很委屈，她只是觉得那几个有机会成大单的客户比较重要，自己亲自跟进、拜访会更稳妥一些，没想到这在下属眼里成了抢业绩！

其实，张丽在升职后并没有增加多少基本工资，升职后的大部分提成是根据团队整体业绩计算的。现在团队整体业绩差，导致张丽的收入反而比升职前更少。

张丽很怀念之前做普通业务员的潇洒日子，只要自己做得好，收入就高，即使做得不好，也没有人在背后说三道四。

想着想着，张丽打算明天就找领导辞去主管的职位，这个主管谁爱当谁当，反正她没有能力和兴趣继续做下去了。转念一想，她又觉得做主管毕竟是升职，只因为眼前的挫折就放弃，不符合自己的性格。

如果你是张丽，你会怎么做呢？

接下来，你可以带着这个问题阅读本章后面的内容，从中找到答案。

1.4 管理者角色认知

管理者和做管理听上去好像很"高大上",其实大多数人对管理者和做管理存在或多或少的误解。

成为一名管理者究竟意味着什么?

为什么在成为管理者之后不能按照过去的思维方式工作呢?

要想回答这些问题,我们不妨从管理者角色认知开始吧!

1.4.1 管理者的根本职责是什么

请你思考一个问题:你当初是怎样成为主管的?

有人可能说:"我的工作表现好,领导认可我,就让我升职了。"

有人可能说:"我工作了这么多年,其他人都比我资历浅,我不做主管谁做?"

还有人可能说:"我学历高、专业精,按照考核标准,我应该被提拔为主管。"

这些答案都对,却都不是最根本的原因。

这些答案都把"成为主管"当成了一种奖励,当成了领导对你的能力的一种认可,却忽略了领导的立场。

要想弄明白这个问题,你要站在领导的立场上思考,分析领导为什么设置主管这个岗位。

大家都是员工,平等地一起工作不好吗?领导为什么要付给你更多的薪资呢?

管理者存在的根本原因是资源稀缺。

领导之所以把你提拔为管理者，付给你更多的薪资，是希望你能对资源进行合理的调配和整合，帮他实现如果没有你就难以实现的目标。

你也可以这样理解：不只是主管，所有管理者都像"杠杆"一样，通过这些"杠杆"，公司可以完成单枪匹马的员工无法完成的任务。

但是，在成为主管之后，你很可能发现，当你踌躇满志地想大干一场的时候，下属却提不起劲：有的人想着奖金能不能再多一些；有的人想着怎么让其他人多干一点，自己少干一点；有的人想看你出丑，自己取而代之；还有的人不想工作，只想早点下班去约会、吃饭或看电视剧。

这就好比当一个将军横刀立马、准备精忠报国的时候，却发现士兵各有各的算盘。

只有将军一个人想精忠报国，即使横刀立马的姿势再漂亮、潇洒，也没什么用。

当你成为主管之后，领导其实已经不太在乎你的个人能力是否优秀了，领导更在乎的是整个团队的产出和你能否带领团队实现更大的目标，而不是你自己的小目标。

因此，管理者的根本职责是把所有人凝聚成一个团队，并产出"1+1＞2"的绩效。

管理者应谨记自己的根本职责，关注团队的整体产出。

1.4.2　做一名好的管理者意味着什么

无论是对管理者自己、对下属还是对组织而言，做一名好的管理者都是一件非常有益的事情。

首先，对管理者自己而言，做一名好的管理者意味着有更高的收入。

虽然新任管理者的薪资水平可能比做普通员工的时候高不了多少，甚至一些人由于承担整体业绩责任，收入反而比之前下降了，但是成为管理者的好处还是很明显的。

普通员工做到骨干级别，假设月薪为 1 万元，这已经属于精英级骨干的收入，想在本岗位上继续提升比较难。

主管的月薪同样是 1 万元，但这是管理岗位的起步薪水，如果做得好，以后的增长空间是非常大的。

前者已经碰到"天花板"，后者才刚刚起步，二者之间的差距一目了然。

除此之外，你只要做过主管，就踏上了管理者的"台阶"，相当于多掌握了一种专业技能，以后的职业发展路径会更宽——除了专业路径，你还多了一条管理路径。

假设你在 A 公司是主管，有带团队的经验。如果你跳槽到 B 公司，那么通常会继续做管理，至少是主管级别，甚至可能更高一级。

如果你在 A 公司只是普通员工，既没有管理经验，也没有管理知识，那么你很难在跳槽到 B 公司后成为主管。

其次，对下属而言，如果你是一名好的管理者，那么意味着他们拥有好上级和好工作。

直接上级对下属的影响是巨大的。一个有才干的人之所以加入一家公司，可能是因为这家公司既有独具魅力的创始人，又有丰厚的薪酬和福利。

但是，这个人能在这家公司待多久、在职期间业绩如何，则取决于他的直接上级。约九成的人离职和直接上级有关。

如果有人说，管理者做得好，下属的工作幸福指数更高，患心脏病的风险更低，你会相信吗？

瑞典的一家机构在对 3122 人进行持续 10 年的研究后发现，跟着好上级的下属患心脏病的风险至少降低 20%。与好上级共事 4 年，下属患心脏病的风险至少降低 39%。

美国 AT&T 公司一项持续 5 年的研究表明，对一个年轻人的职业生涯最有影响的极有可能是他遇到的第一位经理。

虽然你的管理职级可能不够高、权力可能不够大，但是你对下属的影响是最大的，因为你每天都和他们一起工作。

如果你想影响下属，让他们对工作更有成就感，甚至喜欢上自己的工作，并让这份工作对他们之后的职业生涯产生积极的影响，你就应该立志做一名好的管理者。

最后，毫无疑问的是，对组织而言，一名好的管理者本身就是一个难得的管理人才。

我们来总结一下做一名好的管理者的意义，如表 1-1 所示。

表 1-1　做一名好的管理者的意义

维度	意义
对管理者自己而言	有更高的收入、更宽的职业发展路径
对下属而言	拥有好上级和好工作
对组织而言	难得的管理人才

● 1.5　刚转型做管理会遇到怎样的困难

做管理谈何容易，管理者会遇到各种各样的困难。

不只是新任管理者，许多有经验的成熟管理者带领的团队也很低效，上级埋怨、下属抱怨，每个人好像都不明白自己的工作目标是什么。

之所以会这样，主要是因为他们虽然做了很多年管理者，但是依旧没有跨越应该在新任期跨越的转型鸿沟。

1.5.1　困难一：避开"员工思维"的陷阱

做一名好的管理者和做一名好员工有很大的区别，有些在做员工时算得上优良的品质，放到管理者身上，很可能变成缺点，导致管理者变得平庸。

例如，当"勤劳""不喜欢麻烦别人""善于一个人搞定所有工作"等关键词出现在一名员工身上的时候，我们会觉得这是一个能力很强的骨干员工。

但当这些关键词出现在一名管理者身上的时候，这名管理者很可能是一名习惯单打独斗的平庸管理者。正是因为个人能力过于突出，他反而容易陷入一种糟糕的思维误区：如果团队成功了，就认为全是自己的功劳；一旦团队出现了问题，就觉得其他人不行。

我们在调研中发现，不只是新任管理者，不少有经验的成熟管理者还在采用和员工一样的工作方式，他们习惯单打独斗，相比于把任务安排给其他人，他们更喜欢自己动手。

王艳是某公司的采购经理，有一次，在考察一家供应商时，她遇到了一名总经理。

当时，她为了进一步了解这家供应商的情况，在与这家供应商的主要员工开会时询问了他们许多问题。令她惊讶的是，虽然这家供应商的主要员工都在场，但是每个问题都是由总经理回答的。在会议接近尾声时，她询问了主持这场会议的总经理最后一个问题："如果您不在公司，其他员工要怎么办？"

每一个在场的人都静静地等待着总经理的回答，他骄傲地脱口而出："那怎么行？我可是公司的灵魂人物！"

这名总经理虽然已有多年的管理经验，但是仍然沉醉于自己头上的"光环"，一味沾沾自喜，却不知自己犯了管理中的常识性错误。

为什么会这样呢？主要有以下 3 种原因。

一是惯性使然。很多管理者曾经是优秀员工，接到任务后的第一反应往往是立即行动，而不是和员工协商，看一看是否需要借助团队完成任务。

二是本性使然。如同上文所举的例子一样，有些管理者很享受成为"灵魂人物"的感觉，他们习惯做业绩明星，甚至在潜意识中担心自己被员工抢了风头，下意识地和员工比能力、比业绩，没有意识到员工的绩效也是团队的一部分。

三是心性使然。有些管理者对员工的工作能力信心不足，担心他们无法独立完成工作，事事都想亲力亲为。

无论是哪一种原因，当你成为管理者后，都必须转变工作理念，用"管理者思维"开展工作。

具体怎么做才能转变成"管理者思维"呢？

首先，你需要调整工作观念。

你要意识到，你不能再追求做"个人英雄"或业绩明星，你应该认可"帮助员工完成工作比自己完成工作更有价值"的观点。

你要学会把明星的"光环"让给员工，给予他们彰显自身价值的机会，让他们感受到自己是团队中有价值的一员，让他们明白自己在团队中的独特价值。

其次，你需要调整工作重心。

以前，你的大多数工作和"事"有关，如个人的业绩、跟进某个客户或某个项目的进度等。

现在,你的很多工作开始和"人"有关,如给员工安排任务、绩效辅导、与上级沟通,以及和供应商、客户建立人际关系等。

需要提醒的是,作为小团队管理者,你不可能完全不做事,只做管理,更不可能当一个"甩手掌柜"。你依然要承担不少事务性工作,甚至要在某些新领域和难题上"身先士卒"。

我强调的是,你不能把重心完全放在事务性工作上,如果员工可以完成某些事务性工作,你就应该果断地交给他们。

也就是说,你不仅要做事,还要管人。

最后,我们对本节内容做一个总结:你需要避开"员工思维"的陷阱,以管理者的价值观为指导开展工作,认识到衡量你成功与否的标准不再是个人业绩,而是整个团队的贡献。转变成"管理者思维"需要调整的内容如表1-2所示。

表1-2 转变成"管理者思维"需要调整的内容

维度	内容
调整工作观念	✓ 不再追求做业绩明星; ✓ 把明星的"光环"让给员工; ✓ 认可"帮助员工完成工作比自己完成工作更有价值"的观点
调整工作重心	✓ 减少具体的事务性工作; ✓ 增加管理性工作; ✓ 关注员工无法完成的重要工作

1.5.2 困难二：跨越不会管理的鸿沟

在一个组织的管理梯队中，从下到上通常是主管、部门经理、总监、总经理。小团队管理者处于管理梯队的底层，而且很多人是第一次做管理，缺乏管理技能，成熟管理者认为很普通的一些事情，到了他们这里却常常出错，成为难以跨越的管理鸿沟。

第一，不会对员工授权。

新任管理者往往不能正确委派任务，凡事自己冲在最前面，把员工留在身后。员工明明没有事情做，却不得不装作很忙的样子。

很不幸，我在大学刚毕业时遇到的就是这样一个主管。到了下班的时间，我和一些同事明明没有事情可做，但由于主管没有下班，而且看上去特别忙的样子，我们也不好意思准点下班。从 6 点熬到 6 点半，再熬到 7 点，饿着肚子等办公室里的人陆陆续续都走了，我们才能长舒一口气，心想"终于能下班了"。在私下聚会的时候，几名老员工偶尔会抱怨："真希望公司能培训一下主管的管理水平呀！"

第二，不会获得上级的支持。

新任管理者常常把上级看作工作的监督者和考核者，而不是支持者，甚至在遇到问题时不愿向上级求助，担心上级认为自己能力不足。

我在刚做管理的时候就没有做好这一点，导致有时候不清楚团队的目标是什么，因为我忽略了主动和上级沟通，不知道上级对团队的期望和要求，所以在工作中走了不少弯路，在不必要的地方浪费了团队的很多精力。

后来，我被调到管理岗位，第一件事就是和上级沟通，弄清楚上级对团队的期望和要求，以免盲目开展工作。

第三，不会反馈。

新任管理者往往拖延很长时间才和员工谈论绩效问题，他们认为反馈就是指出问题和批评员工，担心这样会引起员工的抵触，自己也难以说出口。

这是新任管理者最容易犯的错误之一，在缺乏技巧的情况下进行反馈，很容易把本应该是表扬的机会变成"批斗会"。管理者拼命证明员工这样做是错误的，员工则不断辩白自己这样做是有理由的，双方从争执变成争吵，反而忽略了反馈的根本目的。

新任管理者应该如何提高自身的管理技能呢？

有人觉得答案很简单，只要学就行了。

可是，如果学习的途径和内容不当，就可能适得其反。不只是"伪成功学"会误人子弟，一些看上去很有道理的管理用人之道也可能让人一头雾水。

例如，市面上的一些课程号称"从古典文化中学习管理用人之道"，但对于初学者，我并不提倡学习这些内容，因为古典文化中的智慧往往需要我们去"悟"。对于管理用人之道，这些课程不会直白地指导你第一步怎么做、第二步怎么做，反而会把很多简单的管理问题复杂化。

很多人在学完这些课程后依然一头雾水，这还算是好的，学到"走火入魔"的人我也见过不少。

我曾见过一个创业公司的老板，别的没认真学，却自诩精通三十六计和"厚黑学"。带着这样的理念管理员工、服务客户、看待合作伙伴，看到的自然是尔虞我诈和相互利用。

这种管理价值观是错误的，正确的管理价值观应该是"正"的、合乎道德的，而不是"歪"的。

还有一些学习内容也需要谨慎选择，即近些年很流行的"网红大咖"的课程。虽然这些"网红大咖"在宣传海报上宛如明星一样笑容迷人，但是他们出品的课程大多以偏概全，毕竟他们的个人经验有限，在A公司中总结的"三板斧"放到B公司中不一定适用，甚至一些观点本来就是错误的。"明星光环"的加持导致这类课程在网络上随处可见，我们一定要谨慎选择。

要想提高自身的管理技能，小团队管理者到底应该学什么呢？

经过多年的发展，管理学和领导力理论已经非常成熟，系统而全面的知识体系早已形成。你在工作中遇到的管理难题，很可能早就被人研究透了。

小团队管理者只要学习基础的管理常识和基本功就够用了，如怎么用人、激励员工、辅导员工、与同级管理者建立人际关系、向上管理、绩效管理等。其实，这也是本书的内容体系，借助案例和方法，我希望你既能快速建立必备的管理知识体系，又不必研读过于专业的管理学书籍。

1.6　有信心，你也能成为出色的管理者

做管理会面临各种困难，以至于不少新任管理者会在某一段时间内怀疑自己：

我是不是不适合做管理？

为什么其他管理者看上去都像成功人士一样，而我却这么狼狈？

我这么内向，让我做管理是不是一个错误的选择？

…………

如果你曾经有过或现在正有这样的怀疑，那么本节内容可以帮你增强信心。

1.6.1　不是"超人"，一样能做好管理

要想成为一名不错的管理者，你既不需要像"超人"一样随时力挽狂澜，也不需要像社交明星一样八面玲珑，更不需要像媒体描绘的那样西装革履、裤线笔直，站在宽敞的办公室落地窗前，一边品着美酒，一边俯瞰着窗外的斑斓灯光。

影视作品和媒体喜欢把管理者描绘为成功人士，他们既能在客户面前口若悬河，也能在办公室里运筹帷幄，既能三言两语点

拨员工,也能准点下班享受生活。

还有一些商学院的书籍说管理是计划、组织、协调、控制。仔细体会一下这 4 个词,每个词都充满了力量感,仿佛一切都在掌控之中。

这些描述虽然不准确,但是也算不上"罪大恶极",只是会引起一部分人的沮丧情绪,他们会以为只有自己手忙脚乱,其他管理者都在做着计划、组织、协调、控制等听起来很"高大上"的事情。

然而,在现实中,大部分的管理工作不仅是枯燥的,还可能是看不到成果的。有时候,即使取得了成果,你也没有时间庆祝,因为你需要立即投身于下一项任务。

总之,要想成为一名不错的管理者,你既不必是"超人",也不必是明星,更不必是运筹帷幄的"智多星"。

做管理只是一种职业,一种虽有专业门槛,但其实很大众化的职业。要想成为一名不错的管理者,你只需要保持头脑清醒。

在现实中,管理者的工作是非常繁忙的,经常在许多重要活动中穿插着各种小事。

曾有人统计,一名管理者每天至少要处理 20 项事务。更无奈的是,大部分事务不是管理者主动发起的,而是被动响应的。

有人说:"做管理就是不停地处理一个个问题。"虽然我不认识说这句话的人,但是我认为他很诚实,他一定做过管理,不然不会有这么深刻的体会。

如果你发现在成为管理者之后总是有处理不完的问题、时间总是不够用，或者感觉找不到目标、工作难以看到成果，看到这里，你应该可以好受一些了，因为有这种感觉的不只你一个人，并不是只有你忙忙碌碌，其他人都从容不迫。

实际上，很多职位比你高得多的人忙得连保温杯里的枸杞水早就喝完了，也没有时间加热水。

几年前，我见到过一个创业公司的老板。他的公司已初具规模，蒸蒸日上。我已经忘记和他具体谈了什么，然而我至今仍清楚地记得他那干裂的嘴唇。

我们面对面坐着，他语速很快，滔滔不绝地向我讲述他的观点，两片嘴唇已经干裂到泛起白色的嘴皮。那一刻，我突然理解了"磨破嘴皮"这种说法的精妙之处。

其实保温杯就在他手边，他在说话停顿的时候会拿起保温杯，拧开盖子做出准备喝水的动作。这完全是下意识的动作，因为我清楚地记得保温杯里的水早在半小时前就被他喝完了，但他还是会每隔5分钟就重复一次准备喝水的动作。

在他送我离开办公室的时候，我松了一口气，心想他终于能往保温杯里加水了。可是在打开办公室门后，我无奈地发现，门口还有好几个人等着找他呢！

看到了吗？这就是管理者的常态。

事实上，做管理可能一点都不酷，管理者需要处理大量的事务性工作，成熟管理者和新任管理者一样忙碌，好像总是马不停蹄、手忙脚乱。

不过，二者还是有区别的。

成熟管理者虽然看上去很忙，但是更有目标感。他们知道自己的时间有限，有时候几个会议开下来，一天的时间就过去了，每天能做的事情非常有限，必须确保每件事情都步入正轨，不被突发状况打乱节奏。

成熟管理者会让自己的头脑保持清醒，他们需要在短时间内分辨出哪些事情是重要的、哪些事情是不重要的，哪些事情是需要亲自处理的、哪些事情是可以委派给员工的，哪些事情是可以完全授权的、哪些事情是需要自己把关和过问的……忙而不乱是成熟管理者应有的状态。

总的来看，当你开始管理一个小团队时，为了更好地转型为管理者，你需要明确以下3点。

第一，丢掉幻想。你不必成为一个一呼百应的英雄人物，你需要做的是脚踏实地，按照自己的风格做事。

第二，不要想着"除了做管理，我什么都不能做，因为我是管理者"。你要意识到，做管理也是一份切切实实的普通工作，事务性工作与管理工作并不冲突。我经常看到一些职位很高的管理者依旧奋斗在一线，他们拜访重要客户、在市场活动中登台演讲。重点在于，他们做的通常是其他人无法替代的重要工作。

第三，要想成为一名不错的管理者，你只需要保持头脑清醒，可以忙，但不能乱。

1.6.2 性格内向、不善社交的人能做好管理吗

经常有人问:"我性格很内向,能胜任管理岗位吗?"

不得不说,现在的世界是一个"外向者的世界"。

在这个世界里,人们会教育害羞、内向的孩子外向一些,"内向"被人们看作一种缺点或缺陷。

其实,内向是性格使然,虽然内向者可以在某些场合假装外向,但是那样很耗费精力,而且令他们很不适应。

内向者真的应该改变自己吗?

世界上几乎一半的人是内向者:巴菲特是内向者,苹果公司的首席执行官库克是内向者,腾讯的马化腾、张小龙也是内向者。没有任何证据表明外向者更适合领导这个世界。

虽然外向者更容易在公开场合展现个人魅力,但是管理公司和领导团队既不是表演脱口秀,也不是在舞台上发表有感染力的演讲。

影视作品的演绎和媒体的宣传让很多人误认为:要想成为一名好的管理者,要么是力挽狂澜的"超人",要么是严厉斥责他人的"暴君",既不是"超人",也没有"暴君"特质的人,无法成为优秀管理者。

实际上,这是一种严重的误解。

小新是一名非常优秀的员工,在加入我的团队之前,她曾是另一家公司的主管。我问她为什么不愿意做管理,她说自己的性

格不适合。

我在共事的过程中发现，小新是一个内向且善良的人，同时要求严格。按理说，这两种性格特质都很优秀。但是，它们会让她在做管理时既无法对同事在工作中不断出现的问题坐视不管，又无法强硬地要求对方改变。

幸运的是，我的团队的工作是研究如何做好管理，她很快就从工作中找到了解决各种管理问题的方法。

大约两年后，我提拔她在团队里做主管，她不再拒绝。事实也证明，她所具备的两种优秀的品质能够让她成为受员工拥护的管理者。她关心员工、有亲和力，因为性格内向，所以她能用友善的方式与同事交流。至今仍与我有联系的一位前同事还记得，她的反馈是"令人鼓舞的"，她不仅指出了问题，还让他感受到了被认可和重视。

在我看来，小新很好地利用了自己的性格优势，并没有回避自己的内向性格或刻意模仿其他外向者的管理方式。

当然，我鼓励内向者并不是想打击外向者，而是外向者可能不需要太多的鼓励，因为他们总是自信满满的状态。

即使在陌生的环境中，外向者也能自如地表达自己，他们拥有令内向者羡慕的社交天赋。此外，在很多时候，外向者能比内向者更快地适应管理者的角色。这些都是外向者做管理的性格优势。

需要注意的是，和内向者一样，外向者的性格优势有时候也会变成缺点：大大咧咧、有话直说，容易忽略对方的心理感受；过于喜欢表达，忽视倾听的重要性，容易让对方产生不被关注和重视的感觉；经常做出口头承诺，容易给人留下不可靠的印象等。以上是外向型管理者需要注意的地方。

无论你是外向者还是内向者，性格都不是决定领导力的关键因素。

关键因素是什么呢？

是你的品格。

你是不是一个有担当的人？是不是一个正直的人？是不是一个值得信任的人？是否不排斥带领其他人获得成功？

和性格相比，品格更加重要。

1.6.3 你具备成为优秀管理者的 3 个条件吗

做管理很难吗？

从一方面来看，一点也不难。做管理并不需要你多么特别，你只需要做一个普通人。无论是内向者还是外向者，都有成为优秀管理者的潜质。

从另一方面来看，成为优秀管理者确实有一定的门槛，至少要满足如图 1-3 所示的 3 个条件。你可以一一对照，看一看自己是否具备这 3 个条件。

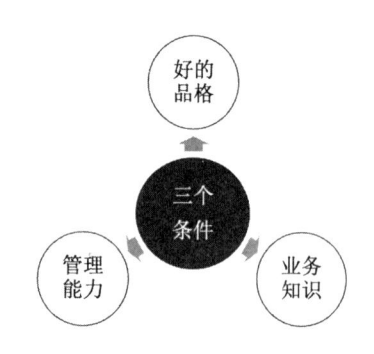

图 1-3　成为优秀管理者的 3 个条件

第一个条件：你要具备好的品格。

能否成为优秀管理者，性格不是关键，品格才是。

早在 20 世纪二三十年代，管理学的研究者就发现了管理者的关键品格（如诚信与正直、强烈的内在驱动力、担责精神等）和对应的行为特征，如表 1-3 所示。

表 1-3　管理者的关键品格和对应的行为特征

关键品格	行为特征
诚信与正直	言出必行、善良、正直、不见利忘义
强烈的内在驱动力	有强烈的目标感、积极奋斗、不轻言放弃
担责精神	有担当、主动承担责任、愿意帮助他人变得更好

"做事先做人"这句话在管理方面同样有道理，一个人的品格决定了他是一个什么样的人。管理者如果自私自利，凡事只想着自己的利益，就很难得到员工真正的拥护。

相反，如果一个人具备好的品格，那么，即使他不是管理者，其他人也愿意拥护他。

张莹曾是我的团队中一名资深的平面设计师，她没有正式的管理者头衔，却管理着十几名分布在全国各地的兼职设计师。这些兼职设计师给我们的报价往往低于市场价，而且很乐意接受我们外派的单子，这要归功于张莹的管理魅力。

张莹为人正直、善良，经常站在设计师的角度替他们考虑，如在安排任务后主动为他们提供可以参照的设计风格，帮助他们尽快上手，而不是像一些甲方那样，让设计师提供不同的设计风格，甲方最后只选择其中一种，那样会让设计师把大量的时间浪费在前期确定设计风格上。

张莹利用自己的时间为设计师解决了这个问题，我想这也是他们给我们的报价较低的原因之一，因为修改的地方少，所以完成工作需要的时间短、成本低。

此外，每当设计师做出较好的作品时，张莹都会在兼职群里发出来，让所有人观摩学习，同时配上"花式夸奖语"，让被表扬者成就感满满。

有一年年底，张莹向我申请了几百元的预算，给几名优秀的兼职设计师发放红包奖励，虽然金额不大，但是意义非凡。她用这种方式让那些设计师知道她在关注着他们，即使他们只是兼职设计师，也能被人欣赏。

张莹虽然没有正式的管理者头衔，但是她能用有限的资源影响、领导兼职设计师，这实在是太棒了！

这么多年过去了，回过头来看，张莹并非正式的管理者，却能将兼职设计师领导得这么好，最根本的原因是她拥有很多优良品格，如关心他人、正直、善良、慷慨等，这些恰恰符合我们对优秀管理者的要求。

第二个条件：你要具备一定的管理能力。

在上文中，我曾用做员工时的亲身经历来说明，遇到不懂管理的主管是一件多么可怕的事情。作为管理者，如果你不懂管理，就要赶紧补补课了。

即使你已经具备了好的品格，也只是一个好人。

例如，我之前的公司中有一名同事老余，他是出了名的"老好人"，为人热情、助人为乐，其他人有什么事情找他，他通常都会答应下来，而且他对下属也很和善。

令我没有想到的是，老余的团队表面上看起来很和谐，我在私底下沟通时却发现，有些下属的心里对他是有怨气的。

因为老余这个人实在是太"好"了，甚至对所有人都很"好"。例如，有的下属负责的项目逾期了，老余在收到反馈后的第一反应不是责令其加快进度，而是慰问对方是不是太累了，导致下属觉得项目逾期没什么大不了的。

还有的下属明明做得不怎么样，却自我感觉良好，因为老余一直是笑盈盈的，从来没有批评过他们。

在这种氛围中，久而久之，大家都学会了出工不出力。

虽然老余的团队表面上看起来一团和气,但是这不能掩盖团队工作效率低、战斗力弱的事实。

实事求是地说,老余真的是一个好人,这一点在他做员工时就有目共睹,因此大家很喜欢他。

但是,在走上管理岗位后,他犯了一个"老好人"型管理者很容易犯的错误,那就是对低绩效者过于宽容,对所有人都毫无原则地一视同仁。

之所以如此,根本原因是他对管理缺乏正确的认知,没有采用正确的管理方式,而是基于自己的本性(对所有人都和善)做管理,陷入了"老好人"型管理者的误区。

更糟糕的情况是,很多好人不愿意做管理或拒绝升职为管理者。

就像我在上文中提到的小新一样,因为在不明白怎么做管理之前,她没有办法既做一个"好人",又做一个优秀管理者,所以排斥成为管理者。

如果好人、优秀的人才不能做管理,那么不仅对组织而言是人才的浪费,对他们而言也是一种不公——凭什么好人不能做管理?

好人当然能做管理,不仅能,好的品格还是成为优秀管理者的基本素质。

不过,除此之外,好人还要懂管理、会管理,毕竟没有几个人是天生就会做管理的,只要愿意学习就行。

第三个条件：你要熟练掌握与工作相关的业务知识。

优秀管理者应当熟练掌握本行业、本公司内与工作相关的业务知识。

渊博的知识和专业素养不仅有助于管理者制定睿智的决策，并深刻理解这些决策的意义和影响，还能指引团队的工作方向，避免团队误入歧途。

需要注意的是，虽然在某些情况下，管理者确实需要在员工完不成任务的时候亲自上阵，但这并不是要求管理者用技术专家的身份开展工作，而是要求管理者的知识面要广，至少要了解本行业的前沿资讯，避免出现"外行人领导内行人"的尴尬局面。

总结一下，要想成为一名优秀管理者，你既不需要满足太多的条件，也不需要跨过太高的门槛，只需要具备如表1-4所示的3个条件。

表1-4 成为优秀管理者的3个条件

条件	具体要求
好的品格	诚信与正直、强烈的内在驱动力、担责精神
管理能力	懂管理、会管理，掌握管人、用人的基本技能
业务知识	在本专业领域的眼界要宽，避免"外行人领导内行人"

1.6.4 要想做管理，你不需要成为沟通高手

很多人认为自己不适合做管理或做不好管理，主要原因是自

己不善于沟通。

做管理真的需要高超的沟通技巧吗？

其实，做管理并不需要高超的沟通技巧，尤其不需要"会说话"的技巧。

要想高效管理，你通常只需要在沟通方面做到以下两点。

第一点，把话说清楚。

沟通的本质是信息的交换。有些管理者说了半天，员工依然一头雾水，不知道接下来应该干什么；有些管理者什么都不说，让员工自己"悟"。这两种做法都很极端，都是不当的。

管理者要说，但不用多说，只要把话说清楚，让员工完全明白需要做什么和完成任务的标准就可以了。

例如，主管可以对小明说："小明，你需要在这周内完成××，并每天向我发送进度报告。"

第二点，无论对员工满意与否，都应给予明确的反馈。

当员工完成一件事的时候，你要给予反馈，这同样不需要多么高超的沟通技巧，你只需要在员工做得对的时候给予肯定和认可，告诉员工他做对了；当员工出错且自己没有发现的时候，你要设法让员工明白他做错了或做得不到位。

简而言之，就是在员工做对的时候要肯定、在员工做错的时候要否定，不要不置可否，既不能让员工猜测你的想法，也不能完全不关注员工做了什么。

在给员工安排任务时把话说清楚，在员工完成任务后给予反馈，只要做到这两点，管理就会变得高效许多，杜绝很大一部分的管理资源浪费。

1.7 开始行动，从这些事情做起

1.7.1 和你的上级聊一聊

找上级沟通的目的是了解上级对你和你的团队的期望。这是你"走马上任"后的第一件事，你需要持续关注。

为什么一定要了解上级的期望呢？

因为上级的期望在某种程度上就是你的团队的目标，只有确定了目标，工作才能有方向，努力才能有成果，你才不会像很多新任管理者一样，一头扎进事务性工作的"海洋"，至于方向对不对，却不管不顾。

曾经，我们公司来了一名总监，我们称他为李总，他是公司通过猎头花大价钱挖过来的。即使如此，由于他初来乍到，大家也不是特别服他，尤其是原本有可能晋升为总监的我，更是对他心怀不满。

不过，这个李总很不简单，他有办法让大家拥护他。他具体是怎么做的呢？

他非常有魄力地让财务部门给每一名员工都加了工资。即使像我这样原本不喜欢他的人，由于连加了两级工资，也感到自惭形秽，觉得自己格局太小。那时候，整个办公室都是一片喜气洋洋的景象，大家见面打招呼时脸上都带着笑容，几乎每个人都享受到了新总监带来的加薪福利。时至今日，大家在聊起李总时，依然觉得那是一段美妙的日子，仿佛在年会上抽中了特等奖一样。

可是，欢乐的时光总是短暂的，仅仅一个月之后，李总就被辞退了。

原来，李总为了拉拢人心，破格给员工加了工资，一个月之后，集团公司总部发现我们分公司的财务严重超支。我们这才知道，李总是私自决定给我们涨薪的，并未向总部备案，因为他认为自己有做这个决定的权力。与此同时，分公司的业绩却未见增长，而且李总对分公司下一步的规划被总部评价为"不符合集团战略"。经过综合考量，总部把李总辞退了。

管理者上任后的第一件事就是空出专门的时间，找自己的上级进行正式沟通，弄明白上级对你的团队的期望，以便找准目标。

如果你不知道怎么做，那么可以参考以下3个步骤。

第一步，弄清楚在上级的眼里，你的团队的整体目标是什么。

第二步，了解上级对你的团队实现目标的日程有什么样的建议。

第三步，与上级讨论，明确为了实现目标，你的团队的首要任务是什么。

弄清楚了这几个问题，接下来的工作就会清晰明了很多。即使在工作中遇到了问题，需要上级支持，上级通常也不会拒绝，因为他对此是知情的。

但是，只了解上级的期望就够了吗？

在如今的团队管理中，管理者不仅要了解上级的期望，还要了解下属的看法，因为下属是目标的实现者。

当你了解了上级的期望，团队也有了工作方向之后，你要及时与下属沟通，确保把上级的期望传达给下属，并允许下属发表意见，以了解下属对目标的看法。

下属既可能全盘接受安排，也可能提出新的建议，甚至可能抱怨目标定得不切实际。无论如何，你都要整合下属的看法，并再次和上级确认团队的目标。

总之，了解上级的期望非常重要，这是一件需要你切实采取行动并持续关注的事。

有些小团队管理者是公司的最高领导，没有上级，完全是自己说了算。这样的管理者更要清楚自己的目标和期望是什么，让团队带着目标感做事。

和上级沟通、了解上级对团队的期望不是根本目的，根本目的是弄清楚团队的目标。

1.7.2　和你的下属聊一聊

在上任之初，有经验的管理者往往会先搜集团队成员的资料，然后逐个和他们聊一聊。

这件事看似普通，实则意义重大。

如果你是一名"空降"的管理者，你就更需要这么做了，和下属一对一聊天，让下属知道你关注他们的意见和看法，给下属吃一颗"定心丸"。

我至今还记得，有一次，我所在的分公司发生了人事变动，集团总部派来了新总监。我们沉浸在老总监即将离职的伤感情绪中，对新总监抱有一丝敌意。

新总监没有摆出"新官上任三把火"的架势，而是在一间小会议室里，接连两天和每一名员工进行一对一面谈。

在和我面谈时，他显得谦虚而有礼，询问我的主要工作内容、工作方式、对工作的看法，以及一直未被满足的诉求。他并没有发表太多自己的看法，而是在我说话的时候，一边听，一边在本子上记录。这让我感觉他很重视我，我对他增加了不少好感。

后来我意识到，新总监其实并没有做太多事情，他只是通过一对一面谈了解了每一名员工的基本情况，同时表现出乐于倾听的态度，让我们感觉得到了重视。不过，是否所有员工的看法都得到重视了呢？当然不是，只有几个核心员工的诉求在接下来的几个月里得到了满足。

我当时想，这可能就是"领导的艺术"吧！

为什么我会用"艺术"二字呢？这两个字看上去好像深不可测，其实只是因为当时的我太过无知。

人们往往喜欢把自己看不懂，同时觉得很美妙的事情称为

"艺术"，我也犯了这个错误，误把"上任后找下属聊一聊"这种最基本的管理手段当成了"艺术"。

我之所以这样说，不仅是希望你不要犯和我同样的错误，还希望你能明白，在上任后找下属逐个聊一聊是一件多么重要的事，它至少能起到以下3个方面的作用。

首先，它能帮助你安抚下属。

其次，它能帮助你了解下属的情况。

最后，它能帮助你掌握内情，让你了解团队文化和团队中的哪些人才是核心人才。

如果你不知道具体怎么聊，那么不妨参考以下5个步骤。

第一步，询问下属的工作内容和工作目标。

第二步，询问下属实现更高的目标需要什么样的支持。

第三步，询问下属对接下来的工作有什么建议和诉求。

第四步，询问下属如果团队里有一个空缺的职位，他会推荐谁。

第五步，感谢下属的分享，并告诉他你会认真考虑他的建议和诉求。

上述5个步骤既可以让你加深对下属和团队的了解，又可以帮你和下属建立联系。

接下来，你还需要做一件事，那就是想办法把团队的整体目标与下属的个人目标结合起来，形成新的目标，让下属带着目标感开展工作，而不是糊里糊涂地等着你的指示。

1.8 本章小结

请读者回顾本章的管理案例,并解决其中的问题。

结合本章的内容,张丽需要做的事情并不复杂,主要包括以下 4 件事情。

第一件,认识到自己作为管理者的根本职责,努力成为一名优秀管理者,让下属和团队因为自己出色的管理而受益。

张丽不仅不应该辞职,反而应该下定决心成为一名出色的好主管。

第二件,转变"员工思维",认识到管理者和员工的工作价值观是不一样的。

工作重心也要调整,她不能再像员工时期那样争做业绩明星了,而要带领和帮助下属成为业绩明星。

假设张丽团队的季度业绩目标是 100 万元,如果她对下属说"我负责 50 万元的业绩,剩下的 50 万元你们负责",就依然是"员工思维"。

"管理者思维"应该是根据每一名下属的特长和工作内容,为他们制定不同的业绩指标。

例如,老张能力最强,张丽可以把他的指标制定得高一些。

小李刚来,张丽可以对他少制定或不制定硬性指标。

至于她这个主管应该负责多少业绩,最好的情况是不给自己制定业绩指标，因为所有下属加起来的指标才是管理者真正的指标。

张丽要做的是把握大局和一些下属无法替代的工作，如辅导新人、制定销售策略、维护和重要客户的关系等。

总之，她要像一个真正的管理者那样开展工作。

第三件，有信心，相信自己能够成为一名优秀管理者。

虽然眼下困难重重、挑战众多，甚至有点狼狈，张丽开始怀疑自己是否适合做管理，但是很多研究证明，成为优秀管理者并不需要满足太多的条件，只要具备好的品格、一定的管理能力，熟练掌握与工作相关的业务知识，就可以了。

张丽应该感到轻松，因为这意味着她只需要在上述3个方面精进，就能成为优秀管理者。

第四件，开始行动。

首先，她需要和上级沟通，制定切实可行的目标。

然后，她需要和下属逐一沟通，了解每一名下属的诉求，倾听他们的想法。

最后，她需要将下属的诉求、想法与团队目标结合起来，并委派具体任务，让每一名下属都能带着明确的目标感开展工作。

只有让每一名下属都有条不紊地开展自己的工作，张丽才有精力完成必须由她亲自出马才能完成的事情，她才有时间提升自己。

第 2 章　管理小团队需要有威信

威信是一种看不见、摸不着，却又实实在在的东西。对于小团队管理者来说，有没有威信是有天壤之别的。

有威信，员工对你心悦诚服，由你来带领团队、管理员工是水到渠成、自然而然的事情。

没有威信的小团队管理者难以对员工施加有效的影响，管理工作会困难重重、寸步难行。

威信并不是天然存在的，而是需要管理者去树立的。

2.1 下属不服管，我该怎么办

王新是技术部的新任主管，他正处在缺乏威信的困境之中。

在上任前，王新本来就心怀忐忑，担心自己能否当得了主管：论经验，他不是工作时间最长的；论技术，他不是水平最高的；论年龄，部门中的张工才是老大哥。

上级认为，王新虽然单项不算特别突出，但是各方面比较均衡，尤其是学历很不错，有很大的发展潜力，所以力排众议，坚持提拔他做新任主管。

怀着惴惴不安的心情，王新"走马上任"了。

一开始，他对大家很客气，大家对他也很客气，看上去相安无事、一切顺利，王新以为大家已经默默接受了自己是主管的事实。

但是，一次会议上的冲突把他的"自以为"打碎了。

关于新的项目实施方案，王新建议用一种最新的技术替代原有技术，但张工坚决不同意。二人各抒己见，张工挑衅地说："虽然你是领导，但是我做了十几年的技术工，你才做了几年？"

这句话戳中了王新的痛处，他哑口无言，不知道该怎么应对，场面一度陷入尴尬。在会议的最后，大家一致决定按照张工的想法实施新项目。

自此，王新彻底认清了现实。虽然他是名义上的主管，大家表面上对他很客气，但是他们在内心深处并不认可他，更不服从他的领导。

在这样的氛围中，王新发现自己在团队中的地位越来越不重要。

例如，他说近期有个项目需要大家加班完成，几名老员工带头反对，有人说家里有事，有人说加班不是解决问题之道，最后不了了之。

又如，他要求周一上班不能迟到，准时开周例会，但第一周就有好几个人迟到，不得已，他只能把会议时间推迟半小时。

再如，其他兄弟部门的同事逐渐看清了王新没有威信的事实,遇到需要和技术部沟通协作的事情,他们往往会越过王新,直接找张工沟通。

王新认为是自己的技术水平不够高导致了这种局面,私下拼命学习,但技术水平的提高谈何容易。有时候开技术会,他依然会被几名老员工取笑,心里很不好受,只能装作满不在乎。

王新既不知道这种局面会持续多久,也不知道自己还能坚持多久。他想不通究竟应该怎么做才能得到下属的拥护,让大家真正认可他这个主管。

如果你是王新,你会怎么做呢?

2.2 认识威信

王新的情况是缺乏威信的典型表现,这种情况在新任管理者身上很常见。

威信是结果,不是前提,它不会因为你是管理者就天然存在,而是需要管理者去树立的,"新官上任三把火"说的就是"立威"。

如果一个基层管理者从未树立过威信,那么多年以后,即使他已经拥有丰富的管理经验,在众人面前,他可能依然缺乏威信、无法服众。

我在大二的时候曾被以"民主"的方式推选为班长。因为在我们班里,当班长是出力不讨好且没有任何好处的工作,没人愿意主动当班长，所以在辅导员的主持下，全班进行了"公投"。

结果，我这个"老好人"被推选为班长。

我很清楚，我之所以能得到那么多选票，不是因为其他同学拥护我，或者认为我有能力带领他们创建一个积极向上的班集体，而是他们觉得我这个人老实、好说话，平时也不会多事。

在当班长的日子里，我确实是这么做的。当时的我正在备战考研，心思并未放在班级管理上，既没有组织过班级活动，也没有批评过逃课的同学，最多就是把系里的通知群发给同学们。

十几年过去了，很多同学肯定已经忘记了我曾经当过两年多的班长。

之所以会这样，从树立威信的角度来看，主要是因为我从未采取过树立威信的行动，所以直到毕业，我在他们眼里都不像一个班长。

严格来说，虽然我这个班长不算真正的管理者，我不打扰同学、不过度管理，"无为而治"，在某种程度上来说，这些可能是正确的做法，但是这些做法在企业中行不通。在企业中，如果你缺乏威信，你就无法带领团队，那样不仅会影响团队的业绩，你还可能很快被辞退。

既然威信是管理者的必需品，而且能够通过一些行为来树立，那么小团队管理者应该怎么树立自己的威信呢？

树立威信的方法可以分为两种，根据是否依靠管理者的职位权力，我将它们分别称为"硬方法"和"软方法"。

"硬方法"依靠管理者的职位权力，如审批权、决策权、奖惩权等。

"软方法"依靠管理者的个人实力，如专业技能、管理水平、人格魅力等。

具体应该怎么使用这两种方法呢？

下文会逐一进行详细介绍。

2.3 树立威信的"硬方法"

要想快速树立威信，你要学会利用管理岗位赋予你的职位权力，也就是"硬方法"。

为什么职位会带来权力呢？

从心理学的角度来看，职位权力至少契合了以下3种心理。

一是对归属感的需求心理。

在社会生活中，人们往往渴望归属于某个群体，成为群体中的一员并得到认同。

对于一名员工来说，要想归属于某个团队，需要先得到团队领头人（团队管理者）的认可。

二是对权威的服从心理。

几千年的社会生活让人们对管理者形成了一种认知，即管理者不同于普通人，他们有能力、有才干、比普通人厉害，因而更有权威。即使你不认识某个人，当得知对方是某公司的总经理后,你也会想当然地认为对方在某些方面有过人之处。

这种认知逐渐成为某种社会规范,让人们对管理者产生了服从心理。

三是趋利避害心理。

管理者拥有奖惩的权力,不服从管理可能受到惩罚,服从管理则可能获得支持和利益。例如,上级掌握着下属的绩效考核,在通常情况下,下属想在职场中获得成功、升职加薪,必须获得上级的认可和支持。

出于趋利避害心理,员工自然而然地会服从管理者的领导。

既然职位权力的影响确实很大,那么管理者应该如何将其转化为员工心目中的威信呢?我建议管理者从一些小事做起,如在工作中利用审批权、决策权和奖惩权彰显你的身份。

2.3.1 利用审批权

上级通常拥有审批权,虽然这在很多时候只涉及一些无足轻重的行政流程,但是可以让下属对上级产生依赖感。

例如,以前给过你难堪的小李找你,说他的资源申请单需要你签字,你可以对他说:"我现在正忙,你先放在这里吧,我稍后处理。"听到这些话,小李别无选择,只能等待。你可以过一段时间再签字,让他意识到签字这件事非你不可,因为你是上级。

看上去可能有点"摆谱",但在上任之初,如果你缺乏威信,这样做就很有必要，尤其是对于没有把你当成上级的下属，你可以多这样做几次，让他们意识到你是他们的上级。

2.3.2 利用决策权

任何你有权力做决策的事情都是彰显上级身份的机会，你既有权力决定一个方案能否通过，也有权力决定每一名下属的工作安排，还有权力监督和考核下属的工作完成情况。

例如，老张仗着自己资历深，经常敷衍应对你安排的任务。你通知大家在今天下午 6 点前把月度工作报表提交给你，直到 6 点半，老张的报表才"姗姗来迟"，而且他刚把报表提交给你就收拾东西准备下班了。你打开他的报表一看，发现他根本没有按照你要求的格式做报表。在这种情况下，你应该怎么做呢？

如果你认为自己作为上级应该大度一点、团结老员工，主动帮他修改格式，你就是在姑息他的错误。

很明显，老张在应付差事，他没有把你这个上级放在眼里。你应该叫住他，明确告知他报表格式不符合要求，需要立即修改，如果他不能在今晚 8 点前提交符合要求的报表，就会影响他的月度绩效考核。

你可以利用这件事情让目无上级的老张明白，你才是这里的"老大"，敷衍、应付你不是一个好主意。

同样地，对于一些项目任务，你也有权力决定谁可以加入、谁可以成为项目经理。下属可以提出意见，但最终拍板做决策的人是你。当然，你可以授权给下属，让他们做一些决策，但下属不能绕过你做重要决策。

决策权是上级身份的一个重要标志，你应该敢于做决策、善于做决策。

如果下属发现所有重要的事情都需要由你做决策，你的上级身份自然毋庸置疑。

2.3.3 利用奖惩权

上级通常拥有一定的奖励和惩罚权，如绩效考核、年终评优、赞赏、批评等。如果下属达到了你的要求，你就可以给予下属奖励，反之则给予惩罚。

奖励的关键在于执行，上级切不可只说不做，那样下属会以为你只是说说而已。

例如，主管张明提出，从这个月开始奖励月度业绩第一名1000元。这个月结束后，他发现得奖的人是公开顶撞过他的小刘，于是他出尔反尔，说上级领导不支持奖励金钱的做法，把本应奖励第一名的1000元改为一张电影票。

张明虽然利用了奖励权，但是很明显，他这样做不仅不能树立威信，反而会威信扫地，因为他违反了自己制定的制度。

奖励如此，惩罚也是如此。上级不应轻易立规矩，一旦立下了规矩，就要严格执行。

需要提醒的是，虽然"新官上任三把火"有一定的道理，新任管理者可以在立威的阶段立下新规矩，但是不用急着改变旧制度，即使旧制度不合理、需要改变，也要等你"打了胜仗"、树立了威信再说。

总的来看，树立威信的"硬方法"指的是利用管理岗位赋予你的职位权力，包括审批权、决策权和奖惩权等。请珍惜你手中的这些权力，尤其是在需要让下属认可上级身份的时候，每一次行使权力都是在宣告你的身份——你是他们的上级！

树立威信的"硬方法"如图 2-1 所示。

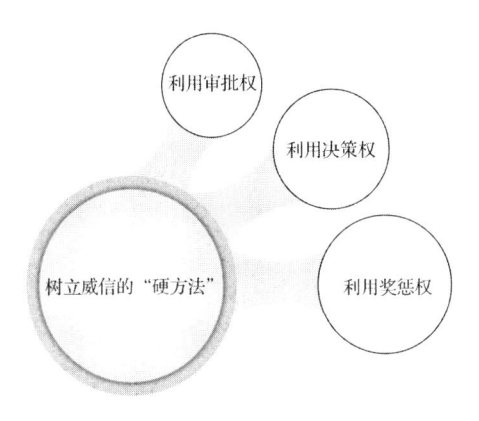

图 2-1　树立威信的"硬方法"

2.3.4　好朋友成了上下级，还能做好朋友吗

我不想在这个问题上撒谎，答案是"很难继续做好朋友"。

在利用职位权力树立威信的过程中，你需要通过行使权力来彰显上级这一特殊身份。

之前与你称兄道弟的好朋友成了你的下级，这很可能影响你们之间的关系。

李华曾是我的好搭档，我们一起工作、做项目，还一起做出了被公司选为优秀课程的视频课程。后来，我晋升为部门主管，成了李华的上级。

一开始，我和他的关系并未受到影响，我也很器重他。但是，回过头来看，我和他的友情确实受到了影响。一方面，我们合作的机会变少了；另一方面，有些话他不愿意和我说了，尤其是团队中的其他人吐槽上级的话。慢慢地，我们从无话不谈的朋友变成了只谈工作的同事，没有人刻意回避什么，只是很自然地变成了这样。

好朋友成了上下级，对友情可能造成一些损失，但对工作可能是好事。有句话很正确："我是来工作的，不是来交朋友的。"

后来，当我和李华不再在同一家公司工作，也就是结束了上下级关系后，我们之间的友情又恢复如初。

总之，我希望我的经历能够给你一些参考——上级确实很难与下级保持朋友关系，因为朋友之间的友谊需要平等的地位，而你们在工作中是上下级关系，这二者是存在冲突的。

如果你也遇到了好朋友成了上下级的情况，我希望你能清晰地认识到这一点。如果你们现在还不能很好地区分、平衡朋友关系和上下级关系，就要尽快做好心理准备，绝对不能为了"维护友谊"而做出伤害团队的事情，让私事影响公事。

2.4 树立威信的"软方法"

单纯依靠职位权力树立威信有一定的"副作用",那就是难以服众。下属之所以顺从你,只是因为你是他们的上级,换成任何人做他们的上级,他们都会顺从。

他们虽然认可了你的上级身份,但是没有真正认可你的个人实力。

在这种情况下,你可以用"软方法"树立威信。

2.4.1 理解并解读上级的意图

你能否深刻理解上级的意图,并将其解读给下属、与下属的工作任务结合起来?

如果你可以将某项工作任务与上级的意图结合起来,就能在无形中给这项任务增加分量,同时彰显你在团队中不可或缺的作用。能够为下属的工作指明目标和方向,你在他们心目中的威信自然会很高。

理解并正确地解读上级的意图是一种能力。如果你经常解读错误,导致团队的工作目标与上级的意图南辕北辙,那么无疑会损害你的权威。

你需要真正掌握这种能力,不能只是说大话。

要想做到这一点,你需要与上级保持良好的关系,确保团队的目标和上级的意图在同一轨道上,同时关注公司的战略目标,站在全公司的高度理解团队的工作，将组织目标与团队目标结合起来，并"翻译"给下属，帮助他们把工作内容与这些目标结合起来。

和上级保持良好的关系还有其他好处。

如果你想提高自己在下属心目中的地位，你与上级的关系就显得非常重要。如果上级认可、支持、尊重你，下属就会对你心悦诚服；如果你经常被上级责怪，下属就很难心甘情愿地服从你。

此外，如果你和上级的关系不错，那么你还可以适当地利用这种关系，为下属争取一定的利益，这样下属会更加拥护你。

2.4.2 懂业务

你在业务领域内是不是公认的权威？

在很多时候，下属之所以不服管，是因为他们认为"你什么都不懂，凭什么管我"。

如果你领导的是一个专业团队，那么你需要具备一定的专业知识或专业技能，至少要达到能和下属（尤其是技术人员）"对话"的水平。

当然，作为管理者，你可以不完全清楚某种技术的细节，但你应该具备专业洞察力、掌握前瞻性知识，不仅能为团队指明方向，还能发现下属在工作中的漏洞和不足，并提出改进的建议。

例如，虽然我不是专业的设计师，但是我曾管理过设计师团队,该团队主要由视频设计师、动画设计师、平面设计师组成。曾经有一个视频设计师小花质疑过我的专业度。

有一次,我们接到了一个视频后期剪辑的任务,我向小花描述了我想要的效果,并要求她在一周内完成。小花却告诉我,她无法在我要求的时间内做出我想要的效果,至少需要两周,还在言语中透露出"你又不是视频设计师,不知道这有多复杂"的不屑。

我先耐心地听她说完,然后告诉她,我不是第一天做这一行,我合作过不下 10 个视频设计师,并列举了若干个视频设计师做过的案例作为佐证,以此证明我没有提出过分的要求,最后表示,她做不到,不代表其他人也做不到,如果她不行,我就换人。

听了我的这番话,她表示自己刚才可能没有看清楚要求,回去仔细评估一下再给我答复。10 分钟后,她告诉我在一周内完成应该没问题。

在上述案例中,虽然我既不是视频设计师,也不做具体的视频设计工作,但是我负责向客户交付视频成果,我明白客户想要什么样的视频效果。同时,我合作过很多视频设计师,做过很多视频项目。

也就是说,虽然我不懂具体的技术,但是我懂视频设计业务。

上级应该以专家的身份支持下属完成工作。如果哪里出了问题,上级应该及时调配资源来解决问题,而不是代替下属完成工作、事必躬亲,抹杀下属存在的价值。

一方面,懂业务不代表一定要会技术;另一方面,会技术不代表一定懂业务。

身为管理者,你需要做到的是懂业务。

2.4.3 会管理

作为一名管理者,你会管理吗?

简而言之,你需要掌握一些基本的管理技能,包括如何用人、激励下属、对下属进行反馈、关注下属的成长等。

在管理工作中,及时反馈和关注下属的成长是很容易被忽视的两个环节。

如果管理者能够及时反馈,那么无论是表扬还是批评下属的执行结果,至少都能证明他们的工作是有人关注的,而不是无人在意的。

设身处地地想一下,假如你的工作做得很好,上级却没有任何表态,你会怎么想呢?

你可能忍不住想:"我为什么这么卖力?反正上级也不关心我做得怎么样。"

此外,你还要关注下属的成长。

虽然赚钱是大多数人工作的重要目的,但是它不是唯一的目的,很多人还有一种隐性的需求,那就是获得成长。没有人愿意一辈子停滞不前，虽然公司不是学校，但是获得成长是大多数员工的内心诉求，越优秀的员工往往越渴求进步和成长机会。

你不妨利用这一点，给下属安排有挑战性的任务，让下属在完成任务的过程中锻炼并熟练掌握新的技能。这样，你既可以帮助下属获得成长，和下属共享进步的乐趣，也可以增强下属的自信心。

除了及时反馈和关注下属的成长，会用人、会激励下属等也是小团队管理者应该掌握的基本技能。

会管理的管理者能够更轻松地赢得下属的心；相反，由于不会管理而把团队弄得一团糟的管理者，只能得到下属的抱怨，更别提树立威信了。

2.4.4 关心下属

你是下属信任的上级吗？

他们是否相信跟着你能够获得职业上的成功或实现其他目标？例如，获得成长或不错的收入。

要想学会关心下属，你不能把他们当成工具人，而应该把他们当成实实在在的人。

我在参加工作后遇到的第一个主管莉莉姐就是一个反例。

莉莉姐的办公位在我的侧前方，我稍微一抬头就能看到她的电脑屏幕，上面几乎一整天都显示着与工作无关的内容，最常见的是购物网站。

那时我以为所有的主管都这么闲,后来才知道是因为她比较会"安排工作"。她把所有的工作都安排给了下属,连我这个刚入职两个月的"菜鸟"也被安排了从未做过的工作——画网站的原型图。

我一头雾水,请教莉莉姐,她总是一副不耐烦的样子,让我自己查资料。不得已,我只能参考类似的网站。就这样,我磕磕绊绊地摸索,加班加点,终于把原型图发给了莉莉姐。我本以为她会提出很多修改意见,结果她连看都没看,直接转发给技术部主管,并说是我完成的,有问题直接找我。

那几天,我战战兢兢,一直等着技术部的同事找我探讨原型图的问题。然而,我没有等来他们,却等来了气冲冲的老板。

老板把我们部门的人和技术部主管都叫到了会议室,大发雷霆,质问技术部主管他们的工作是怎么做的。

技术部主管很冤枉,说他们是按照莉莉姐发的原型图来做的。

老板的目光看向了莉莉姐,莉莉姐却向老板指了指我,说是我画的原型图。

老板扭头看向了我,把我说了一通。

然而,老板在说完我后并没有停下来,而是把不耐烦的目光投向了莉莉姐,说道:"兵熊熊一个,将熊熊一窝!"

我惭愧地低下了头,而莉莉姐也没想到,虽然我在会议上背了黑锅,但是她也受到了牵连。

十多年过去了，我并不责怪莉莉姐，只是认为她的管理方式不够成熟。她一方面想偷懒、逃避责任，另一方面又犯了管理者的大忌——在老板面前让自己的下属负责，而不是自己主动担责。

当时的我作为下属感受到的是，她是一个一心只想着自己的主管，既不在意下属的得失，也不在意下属能否获得成长与进步，更不在意下属的心理诉求。她宁肯在上班时间浏览购物网站，也不愿意指导下属，因为下属对她而言只是分担工作量的工具人。

这样的主管，怎么可能赢得下属的心呢？

在下属的心目中，她怎么可能有威信呢？

不过，实话实说，莉莉姐至少有一个可取之处，那就是把重要的工作安排给下属。

有一些管理者认识不到授权和安排工作的重要性，担心下属能力不足，只给下属安排琐碎的事务性工作，如查资料、做表格、收发快递、申请报销、组织团建活动等。至于其他重要、复杂的工作，全部由自己来做。

这样做的后果是管理者又忙又累，下属却经常觉得工作很无聊，也做不出成绩，到了绩效考核的时候，根本没有拿得出手的业绩，不仅无法获得成长，还会影响奖金、评优和晋升。

要想扭转这种局面、赢得下属的心，其实并不难，你只需要做到一点，那就是关心下属。

每一名下属的胸前都戴着一个"无形的胸卡",上面写着"请关心我"。

这句话揭示了上级与下属相处的关键,它的意思是,每一名下属都渴望被看见、被认可。他们希望自己的上级能够维护他们应得的利益,希望自己的诉求能够得到满足,希望自己取得的成绩能够被上级看见,希望自己被关心、被尊重,希望上级不要只把他们当作工具人。

反思一下,你是否犯过或正在犯以下错误。

不关注下属的目标、想法和利益诉求。

平时不注意培养下属,下属的能力得不到提升,关键时刻帮不上忙。

把过多没有业绩产出的杂事安排给下属,影响下属的绩效。

如果下属能够感受到你在关心他,而不是冷酷无情地使唤他,那么,即使只是一些非常小的细节,他也会铭记在心。

我在第二家公司工作的时候,有一次和老板一起出差,去北京录制视频课程。

老板曾经在北京工作过,而我是第一次去北京。

在第一天的课程录制结束后,老板带大家去一家饭店吃饭,特意点了大名鼎鼎的北京烤鸭,还教我北京烤鸭的正宗吃法。

后来,我听另一位北京的同事说,老板知道我没有吃过正宗的北京菜,所以特意去了那家有北京特色的饭店,让我尝一尝正宗的北京菜。

老板可能早就忘记了这件事，但我至今还记得，并且非常感动。

那个老板是一个不擅长向下属表达的人，既不会当面表扬下属，也不会告诉其他人他对下属有多好。他虽然不太会说，但是他用行动体现了自己对下属的关心。

如果能做到这一点，你迟早会赢得下属的心。

2.5 用业绩快速树立威信

是骡子是马，拉出来遛遛。

光说不练假把式，如果你在其他方面的表现堪称完美，在工作上却迟迟没有成效，业绩排名月月倒数，经常在公司会议上被老板批评，就很难树立威信。

如果你在其他方面的表现没有那么完美，却能很快做出业绩，就能让质疑者闭嘴。

要想服众、让质疑者尽快闭嘴，业绩是最有力的"武器"！

需要注意的是，为了尽快做出业绩，一些人会落入激进主义的陷阱：有些人做出来的是中看不中用的"形象工程"；有些人朝令夕改；还有些人看似采取了很多措施，实则只是让自己看起来好像很忙碌的"花拳绣腿"。

之所以会落入这些陷阱，主要是因为他们没有找准方向。

如何找准方向呢？

你需要结合团队的长远目标，确定自己的首要任务。

如何确定首要任务呢？

你需要区分以下两种情况。

第一种情况：你的上级替你决定了首要任务。

在这种情况下，你需要从任务清单中选择1~2项任务作为期末业绩来冲刺。在选择的时候，你要重点考虑两个方面：一个是上级重点关注的任务，另一个是能够产生外部影响且意义深远的任务。

例如，在销售部主管张涛刚上任时，上级给他的团队下达的任务是完成500万元的年度业绩，同时在华南区开拓新客户。张涛在分析后认为，短时间内没有办法完成500万元的年度业绩，于是他确定了两项首要任务：一项是在第一季度完成100万元的业绩，另一项是在华南区开拓20个新客户。这两项首要任务都与长远目标相关，并且都是上级关注的任务。

第二种情况：你能决定自己的首要任务，或者可以与上级协商。

在这种情况下，你需要识别出组织中能够引起关注的关键工作领域，从中选择能够成为标杆、榜样的重要行为，或者选择一项如果没有你就无法完成的任务。

例如，在王丽晋升为课程研发部主管后，上级没有为她制定明确的工作目标，一切都和之前一模一样。

王丽想用业绩为自己树立威信，经过分析，她将提升工作效率作为自己的首要任务。

之前，1个网络课件设计师1个月只能完成4个网络课件。王丽认为，通过改良和优化流程，1个网络课件设计师1个月可以完成6个网络课件，即效率可以提升50%。

在和上级沟通并确认了这个工作目标后，王丽开始在团队内推行。

一开始，设计师们的意见很大，不愿意更改之前的工作流程。为避免引起更大的抵触情绪，王丽并没有强硬地推行，而是先在小范围内尝试，验证可行后再推广。

最终，因为改革有功，王丽不但得到了上级的口头肯定，而且被评为"年度优秀管理者"，树立并巩固了自己的威信。

王丽的案例不仅向我们展示了如何在上级没有明确要求的情况下，通过确定自己的首要任务来快速做出业绩，还展示了推行过程中的智慧，即先耐心地在小范围内尝试，验证可行后再推广，而非激进地"脱胎换骨"，以免因出现错误而朝令夕改、弄巧成拙。

在小范围内尝试有很多好处：首先，这样能够减少很多阻力，有助于快速采取行动；其次，即使发现方向错了，也能快速调整方向，降低犯错的成本；最后，在小范围内尝试成功后再推广，会更有说服力，团队成员更容易接受。

总而言之，早期工作的成功与否关乎管理者的威信。如果你已经确定了首要任务和实施步骤，那么恭喜你，你的威信将牢不可破。

2.6 给自己一点时间

欲速则不达，威信来源于一致性和持续性，用力过猛很可能适得其反，反而无法树立威信。

虽然"新官上任三把火"和大刀阔斧的变革能够体现管理者的激情、决心、执行力，但是急功近利容易让下属产生不安全感。管理者过度证明自己、用力表现，可能让下属摸不着头脑。

我曾经遇到过一个客户，他在某一年的12月下旬突然找到我，急着采购一系列在线课程。

由于很多需求尚不清楚，因此我抱着负责任的态度了解了客户的很多实际情况，希望为客户匹配最适合他们的课程清单。

打了几通电话后，客户被我问得有点不耐烦了，直接对我说，他们新主管今年刚上任，需要在平台中上架足够多的课程，我们的课程具体怎样不重要，重要的是在12月31日前上架。

我恍然大悟，客户的新主管需要在年内让平台中出现足够多的课程，以彰显自己的业绩。

新任管理者为了证明自己的能力，急于做出一些容易被人看见的业绩，这种现象不算少见。尴尬的是案例中的新主管的做法被下属看破了，在下属眼里，他所做的一切工作都是为了证明自己,却忽视了这些工作本来的意义。

毫无疑问,这样不仅不利于树立威信,反而会减损威信。

管理者应该如何扭转自己在下属心目中的形象呢?

威信不是来源于"新官上任三把火",而是来源于一致性和持续性。

如果案例中的新主管能够持续地、前后一致地做事,不把布局线上课程的截止日期设定为 12 月 31 日,而是在次年年初持续布局,并且制订年度计划,一步一步地做事,有目标、有步骤、有计划地完成长期项目,那么下属自然会改变对他的认知,他也能树立持久的威信。

只要新任管理者有实力、有所作为,就不必急于证明自己,时间自然会证明你的能力,帮你树立威信。

2.7 本章小结

请读者回顾本章的管理案例,并解决其中的问题。

结合本章的内容,想必你已经有答案了。

首先,王新要认识到威信不是天然存在的,而是需要管理者去树立的。

其次,王新要掌握树立威信的两种方法。

如表 2-1 所示,第一种方法是"硬方法",即利用管理岗位赋予的职位权力树立威信,合理行使审批权、决策权、奖惩权。

表 2-1 树立威信的"硬方法"和具体内容

"硬方法"	具体内容
利用审批权	利用签字和审批的权力,如报销、申请资源等
利用决策权	利用拍板做决策的权力,如让谁参与重要项目、是否通过某个提案等
利用奖惩权	利用奖励和惩罚的权力,如评优、晋升、发放绩效奖金等

王新完全可以通过行使上述三种权力来向下属和兄弟部门的同事彰显自己的特殊身份——他才是上级,而不是张工或其他人。

如表 2-2 所示,第二种方法是"软方法",即通过彰显个人实力和个人魅力来达到让下属心服口服的目的,主要包括理解并解读上级的意图、懂业务、会管理、关心下属。

表 2-2 树立威信的"软方法"和具体内容

"软方法"	具体内容
理解并解读上级的意图	理解上级的意图,并能准确地将其解读给下属,为团队工作指引方向
懂业务	成为业务领域内的专家,能够洞察所在行业的发展趋势,对下属的工作优劣做出评判
会管理	掌握基础的团队管理技能
关心下属	不把下属当成工具人,真正关心下属,赢得下属的心

的确,王新目前的技术水平不够高,无法在这个方面超越张工。不过,他需要重点关注的既不是解决技术问题的具体技能,

也不是在技术细节上多么突出，而是懂业务，提升自己的行业洞察力，让自己的站位比下属高一些、视野比下属广一些，从而为团队的工作做出方向性指引。

再次，王新要找到自己的首要任务，用业绩为自己撑腰。

最后，王新要给自己一点时间，不必急于求成，基于一致性和持续性树立的威信比基于"新官上任三把火"树立的威信更稳固。

我相信，只要王新按照如图 2-2 所示的几个步骤树立威信，并且调整好自己的心态，他的威信就能自然而然地树立起来。

用"硬方法"
审批权、决策权、奖惩权

用业绩
快速做出业绩

不心急
给自己一点时间

认识威信
威信是需要管理者去树立的

用"软方法"
理解并解读上级的意图
懂业务
会管理
关心下属

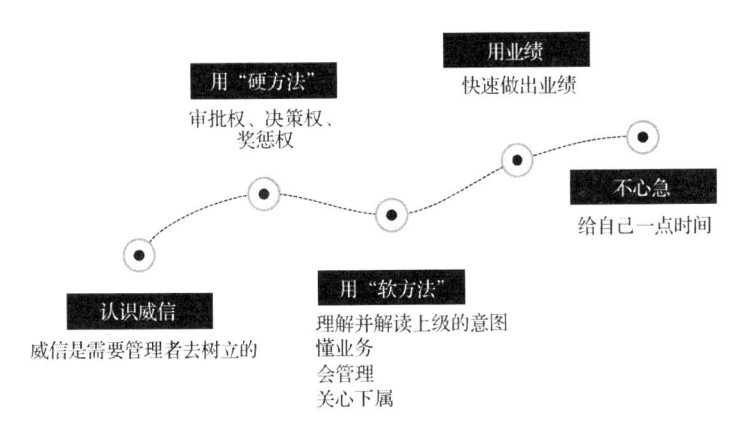

图 2-2　王新树立威信的步骤

第 3 章　组建小团队，怎样招聘合适的人才

很多小团队管理者是需要亲自招聘人才的。要想招聘到合适的人才，小团队管理者需要避开招聘中的常见误区。

● 3.1　我招错人了吗

杨明成功应聘 A 集团公司在 G 省的分公司总经理，负责 G 省这个新市场的开拓与维护。杨明不仅要开拓新市场，还要抓紧时间把团队组建起来，毕竟团队里目前只有他和一名销售经理，按照他的规划，至少还需要 5 名销售人员。

杨明向集团公司的 HR（人力资源）人员提出了人员需求，HR 人员陆续安排了多场面试。杨明快刀斩乱麻，迅速招聘了 5 名销售人员，其中有 3 个人令他印象深刻，他们分别是经验丰富的老张、名牌大学毕业生李静，以及虽然只有一年工作经验，但是在面试时对答如流的王光。

在这 3 个人中，杨明对老张最满意。老张作为该行业内经验丰富的销售人员，原本有更好的选择，但杨明向老张描绘了美好

的前景，并承诺他可以享受分公司利润分红等破格待遇，终于说服了老张。

就在杨明认为可以开始大干一场的时候，事情的发展却超出了他的预料。

先是名牌大学毕业生李静进步速度慢，特别是对分公司的产品不太熟悉，无法独立开展工作。杨明只好把她安排给老张，让老张带她工作。

然后是王光，他虽然在面试的时候说得头头是道，但是在工作中的表现不尽如人意，半年过去了，他只发展了3个意向客户，做成了一笔不到10万元的小单子。

就在此时，集团公司认为分公司的运营成本已经超出预算规划，却迟迟达不到预期的市场规模，要求杨明缩减开支、精简人员。

经过思考，杨明在裁员名单上列出了两名业绩一直未达到预期的下属，其中包括王光。至于李静，杨明犹豫过要不要辞退她，最终决定留下她，因为她虽然业绩不多，但是更有潜力，值得培养。

然而，令杨明万万没想到的是，距离他费尽口舌辞退两名下属仅仅两周，老张和李静就先后向他提出了离职。

老张离职的原因是杨明一直没有兑现当初承诺给他的破格待遇，加上分公司业务的开展困难重重，杨明在招聘时描绘的美好前景迟迟难以实现，所以他萌生了跳槽的念头。

李静离职的理由是想回老家发展，她对杨明表示感谢分公司的培养，还欢迎杨总以后去她的老家玩。可真正令杨明生气的是，没过多久，他便得知李静并没有回老家，而是和老张一起跳槽到了竞争对手的公司。

杨明没有多少时间和精力用来生气，他几乎成了"光杆司令"，又要重新招人。

你认为杨明在招聘中犯了哪些错误？

如果你是杨明，你会怎么做呢？

杨明几乎犯了招聘中的所有错误，最终出现这样的结果并不意外。

要想做好招聘、招对人，管理者需要在招聘前做好准备，做好人才画像，明确自己需要招聘什么样的人才；在招聘中科学考察应聘者，识别"面霸"（对因为找工作而经常参加面试的人的一种调侃称呼），招聘正确的人才；在招聘后做好团队建设，留住人才。

3.2　招聘前要做好哪些准备

招聘不应是盲目的，招聘哪些岗位、这些岗位需要什么样的人才、招聘渠道是内部选拔还是外部招聘等，都是管理者需要提前考虑的问题。

3.2.1 提前规划，招聘未来发展需要的人才

招聘既不是为了解决过去的问题，也不仅仅是为了解决当下的用人问题，而是为了弥补未来的人才缺口。

很多管理者在做招聘规划时不明白这个道理，过于看重过去的经验和当下的需求，忽视了未来的发展需要，招聘了过多或过少的人。

一些管理者喜欢带领"大团队"，认为自己带领的团队越大，自己就显得越重要，在招聘时不知道克制，导致团队成员越来越多。

还有一些管理者过于关注当下的工作任务，一旦忙不过来，就认定是人手不足的原因，想通过增设岗位来完成任务，结果往往是这阵子忙完了，事情变少了，招来的人又不能马上辞退，导致人浮于事。

为了避免发生上述问题，在招聘前，你可以按照以下3个步骤来思考。

第一步，确定岗位缺口。

你至少需要思考清楚以下4个问题。

哪个岗位需要招人？

该岗位是新增的岗位，还是人员流失需要候补的岗位？

该岗位需要解决当下和未来的哪些问题？

该岗位必须存在吗？

在思考上述问题的时候，你应该结合公司上层的战略意图。

我曾见过部门经理刚把新人招聘到位，总经理办公室就下达了裁员的通知。类似的荒诞剧情在职场中屡见不鲜，根本原因是用人部门的管理者没有及时关注并理解公司上层的战略意图。

第二步，确定人才缺口。

在确定了岗位缺口之后，你应该思考是否真的需要通过招聘来弥补人才缺口，重点思考以下 4 个问题。

岗位任务是临时的还是长期存在的？
能否通过外包或招聘兼职员工等方式弥补人才缺口？
能否通过调整现有员工的岗位职责弥补人才缺口？
长期招不到合适的人会产生怎样的后果？

第三步，做好人才画像。

你应该明确员工胜任相关岗位需要具备的关键素质和能力，就像去商场买东西一样，你要提前想好自己买什么。

如果你想买跑步鞋，那么你可以货比三家，选择一双最适合自己的跑步鞋，而不是一看见促销活动就买好几双不适合自己的跑步鞋。

消费需要理性，招聘更需要理性，按照上述 3 个步骤思考可以有效降低冲动招人的可能性，如图 3-1 所示。

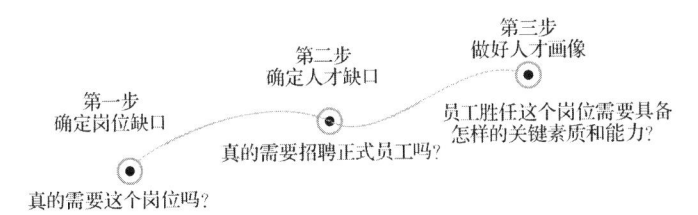

```
第一步              第二步              第三步
确定岗位缺口         确定人才缺口         做好人才画像
                                    员工胜任这个岗位需要具备
                真的需要招聘正式员工吗？   怎样的关键素质和能力？
真的需要这个岗位吗？
```

图 3-1　理性招聘的 3 个步骤

3.2.2　招聘渠道是内部选拔还是外部招聘

在什么情况下进行内部选拔？在什么情况下进行外部招聘？

不同的公司倾向于不同的选择，如通用电气公司倾向于内部选拔，因为该公司看重企业文化和人才对企业的忠诚度；思科公司倾向于外部招聘，因为该公司更看重创新。

对于小团队管理者来说，选择内部选拔还是外部招聘，关键是招聘渠道的"性价比"，即哪个招聘渠道是最合适的，你可以根据以下 4 个因素来衡量。

第一个因素是所在行业的成熟度。

对于新兴行业、独特行业，由于就业市场中的对口人才较少，因此一般以内部选拔为主。

对于成熟度较高的行业，因为在就业市场中更容易找到对口人才，所以一般以外部招聘为主，如招聘程序员主要依靠外部人才市场，因为代码是有相通之处的。

第二个因素是公司的成熟度。

处于快速发展期的公司可以外部招聘为主,快速招兵买马。

处于稳定期的公司可以内部选拔为主,拓宽员工的职业发展通道。

第三个因素是企业文化。

如果你想保持现有的企业文化,那么可以优先选择内部员工,因为他们几乎不需要适应的时间。

如果你想重塑企业文化,那么最好选择外部招聘。

第四个因素是岗位的重要性。

对于重要岗位,我建议内部员工优先,这样可以为内部员工提供上升通道,激励人才,而且员工上岗后的磨合期更短,可以快速适应。

请注意,这里指的是在同等条件下内部员工优先,更重要的前提是考虑岗位与人才的匹配度。

招人,千万不能凑合。

◎ 3.3 面试的关键技巧

面试是一场信息不对称的博弈。

面试者想了解应聘者最真实的一面,而应聘者只想把最好的一面展现给面试者。

在这场博弈中,你需要通过一些技巧来"武装"自己。

3.3.1 面试不能靠"眼缘",应该靠什么

"一见钟情"在面试时同样存在。

有一名管理者曾向我吹嘘,说他在面试时只需要 10 秒就能下结论,之后的半小时只不过是在验证自己的结论。

这就是靠"眼缘"或第一印象面试的典型误区,这样的决策是非理性的。为了避免做出非理性决策,不同的公司有不同的应对方法。

有的公司设计好几轮面试,有的公司安排面试小组进行集体面试。

在大多数情况下,小团队管理者拥有最终的决定权,可以决定是否录取某个应聘者。所以,小团队管理者的面试评价非常重要。

为了减少出错的可能性,尽可能客观地了解应聘者,从而招聘合适的人才,你需要提前准备面试问题。

在面试时,缺乏经验的面试者经常不知道应该问应聘者什么问题。一些有经验的面试者在这方面的表现也不怎么样,仗着自己有经验,不提前准备面试问题,而是拿着应聘者的简历,看到什么就问什么,缺乏目的性。

在面试结束后,如果你问他某个应聘者怎么样,他很可能回想不起来对方是谁,只能回答"还行,但是好像没有什么特别吸引人的地方"。

如果问题缺乏目的性，那么得出的评价往往只能是主观印象。

面试者应该如何设计面试问题呢？

第一，提前设计提纲。

面试者应提前设计提纲，设计思路是先分解招聘岗位需要具备的核心能力，然后根据核心能力设计若干个问题，确保可以通过这些问题考察应聘者是否具备相关能力。

举个例子，如果你要招聘一个课程设计师，该岗位需要具备的能力之一是快速学习，你就需要针对这种能力设计若干个问题，如"你最近读过什么书""书中讲了什么内容""你是怎么看待这本书的"等。

有了提前设计的提纲，即使在面试时遇到突发状况，你也不会手忙脚乱。

我曾告诫我的下属主管，除非颜值是招聘岗位的核心要求之一，否则，应聘者的长相不应干扰他们的判断。

类似的干扰因素还有"名校光环"，除非你确实需要一个名牌大学的毕业生，或者某个名校生展现出了岗位需要具备且列入面试题纲的特质，否则，应聘者是否毕业于名校不应过多干扰你的评判。

第二，通过反常规的问题辨别对方是否说谎。

应聘者大多倾向于掩盖自己的不足，这是面试者需要特别注意的。

有些应聘者（尤其是比较有经验的应聘者）对你问的很多问题早已准备好标准答案，他们看上去对答如流，你觉得他们自信且有能力。

实际上，如果应聘者总是"对答如流"，你就要小心了，这说明对方做过"精心"的准备，你的问题几乎都在对方的预料范围内。

对于这种情况，你可以询问一些反常规的问题，打乱对方的阵脚，如"你认为别人对你最大的误解是什么"。询问这个问题，你很可能听到一些连应聘者自己也不是很清楚，或者虽然清楚但是不愿意多说的缺点。

还有一些类似的问题，你可以换成不同的问法。

例如，常规问法是"你认为你的缺点是什么"，换一种问法是"你能快速说出我不应该录用你的 3 个原因吗"。

又如，常规问法是"你认为你在上一家公司工作得怎么样"，换一种问法是"对于上一份工作，在 1~10 分内，你给自己打几分"。在对方说出某个分数后，你可以追问"如果我们询问你上一份工作的经理，你认为他会如何打分"。

应聘者在回答这些问题时基本上很难对答如流，你可以了解他们的真实情况。

第三，设计一些假设性的提问。

如果有些应聘者的经历不足以让你评判其能否胜任相关岗位，那么你可以设计一些假设性的提问。

举个例子，你可以询问应聘者"假设你负责一个设计项目，客户让你修改海报设计，但你认为当前的海报设计非常完美，不应该修改。面对这种情况，你会怎么做"。

通过设计一些假设性的提问，你可以考察应聘者的实际能力。

总的来看，你需要提前准备面试问题，这样可以提高面试效率，即使在面试时临场发挥聊一些其他的话题，也不会太跑题。

3.3.2 学习能力很重要，应该如何考察

当今时代，知识、技能的更新速度加快，社会环境时刻发生变化。要想考察应聘者，过往的经验和能力虽然很重要，但是学习能力更重要。

应该如何考察应聘者的学习能力呢？

如果你在面试时直接询问应聘者"你的学习能力怎么样"，我想没有一个应聘者会说自己的学习能力很差，大多数应聘者可能说"我觉得还行吧"。

这样的问题，问了等于没问。

要想考察应聘者的学习能力，你不能直接询问，而应细化学习能力的组成维度。哈佛大学商学院教授克里斯坦森认为可以从5个维度衡量学习能力，如图3-2所示。

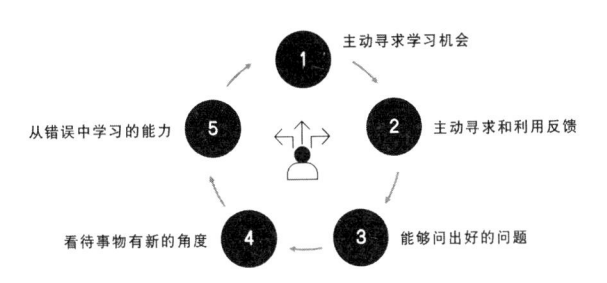

图 3-2　衡量学习能力的 5 个维度

1. 主动寻求学习机会

这个维度体现了一个人学习动机的强弱。一个愿意主动学习的人往往会主动寻求学习机会，不会轻易停下学习的脚步。

如果应聘者声称自己的学习能力还不错，却在毕业后既没有参加过任何学习班，也没有主动买过一本书，那么他对自己的评价很可能是不准确的。

2. 主动寻求和利用反馈

有一个段子是这样的。

总经理和朋友聊天，总经理说："在这个世界上我只讨厌两种人，一种人是罪犯。"

朋友问："另一种人呢？"

总经理说："另一种人是喜欢给我提意见的人。"

他人的反馈对一个人的改进是很有帮助的，有的人愿意倾听他人的反馈，有的人却不愿意。

善于学习的人不仅非常重视他人的反馈，还会主动寻求和利用他人的反馈，他们会在某件事情结束后总结自己的优点和缺点。

3. 能够问出好的问题

这个维度看似简单，实则考察一个人的思考力和洞察力。

能够问出好的问题，意味着应聘者能抓住问题的关键，不仅仅停留在问题的表面，而是有进一步的思考。

在面试结束后，我一般会对应聘者说可以问我3个问题。有的应聘者不会提问，有的应聘者只会问面试结果什么时候出、公司的福利待遇等，这些都不是加分项。

如果应聘者问"我想加入贵公司，您认为我还需要提升哪些方面"，我就会认为这是一个好问题，因为它说明应聘者抓住了面试的本质。

4. 看待事物有新的角度

这个维度主要考察一个人的主动思考能力和知识面。

例如，你可以询问应聘者"你有哪些见解是与主流观点不一样的"。

要想回答好这个问题，应聘者需要有比较广的知识面和自己的思考、总结，而不是人云亦云。

我曾经这样询问过一个应聘者，他的回答让我眼前一亮："很多人认为，一旦客户生气了，就无法挽救了。我却认为，客户愿意对我生气，说明我还有很大的机会。"

5. 从错误中学习的能力

每一次犯错误都是一次学习的机会，想必很多人不会怀疑这个观点。

但是，如果你直接询问应聘者"你是如何看待错误的"，就不是一个好问题。

你可以先问应聘者"在上一家公司中，你犯过的最大的错误是什么"，再问"你从这个错误中学到了什么"。

第二个问题的答案有多少含金量是非常重要的，如果应聘者的答案类似于"我学到了做人一定要心怀感恩""我学到了不要轻言放弃"等"心灵鸡汤"，就不是好的答案，因为它们没有操作性，很难为类似的情况提供直接指引。

好的答案应该有较高的含金量，如"我学到了永远不要把关键节点的控制权交给其他人"。

还有一点，善于从错误中学习的人在不害怕失败的同时，往往不允许自己犯同样的错误。

基于以上 5 个维度，你可以更加准确地衡量应聘者的学习能力。假设一个维度的分值为 20 分，总分值在 60 分以上的应聘者的学习能力应该不错。

3.3.3 招聘中的常见误区

在很多时候，管理者即使做再多的准备，依然会出现招错人的情况，造成得不偿失的后果。接下来，我会介绍一些招聘中的常见误区。

误区一：找候选人是 HR 部门的事情。

虽然 HR 部门可以帮你筛选简历，分担你的一部分工作，但是你不能完全依赖 HR 部门。作为人才需求部门的管理者，你需要"主动出击"，不拘一格地招揽人才。

我曾经为华为做过一些网络课程开发项目。有一天，我正在上班，突然接到了华为客户的电话，他直接说他们正在招某方面的人，问我有没有意向。

我当时没有跳槽的打算，便说暂时没有这方面的考虑。

我以为这样说他就会挂掉电话，但他并没有这么做，而是问我有没有可以推荐的同事或师弟、师妹。

我想了想，告诉他可能有，我联系一下，如果他们同意，我就把他们的简历给他。

不久后，他真的从我推荐的两个候选人中录取了一个。

整个流程非常高效，也就是一通电话的事情，那个客户就精准地找到了候选人，而不是被动地等待 HR 部门筛选简历、走流程。

误区二：来应聘的人都是想加入公司的人。

来应聘的人都想加入你的公司吗？

不一定。

首先，就业选择是双向的。很多时候，你在面试应聘者，应聘者也在"面试"你。如果对方对你这个日后的直接上级印象很差,那么,即使你意愿再强烈,对方也可能拒绝你。

其次,有些应聘者只把应聘和面试当作学习的经历。

我就有这样一个同学,在毕业后的前几年,他经常参加一些大公司的面试,如腾讯中不同部门的面试。

我问他为何如此执着于腾讯,他说他的目的并不是找工作,而是寻找学习的方向。

他的出发点还算好的,有一些应聘者是为了去竞争对手的公司探查内幕,向竞争对手学习。

对于以上两类应聘者,你应该有所防备。现在还出现了一种新玩法,一些公司的管理者为了向竞争对手学习,主动邀请竞争对手公司的人来面试,趁机询问一些内情。

误区三:跳槽次数多的人一定不能录用。

有时候,你对应聘者的各个方面都很满意,只对一点有些怀疑。

在过去的3年里,应聘者换了3份工作,跳槽比较频繁。你怀疑应聘者的忠诚度,担心对方是不是"职场跳蚤",入职没多久就会离开。

这样的怀疑是正当的,你确实有充分的理由怀疑应聘者。

一个人经常换工作的原因可能有很多,除了他特别倒霉,总是遇到工作不久就倒闭的公司,大多数原因是个人原因,如没有找到正确的职业方向,入职后才发现不是自己喜欢的工作;能力不足,因无法胜任工作被开除;见异思迁,忠诚度较低等。

但是，过去的跳槽经历并不代表应聘者会用同样的方式对待你。

如果你想录用某个应聘者，那么你可以调查清楚他之前跳槽的原因是什么、他想找一份什么样的工作，以及他对这份工作有怎样的期待。

如果你发现应聘者闪烁其词，或者虽然说出了自己的期待，但是你的公司无法满足，就意味着即使应聘者加入了你的公司，也会很快离开。

相反，如果你认为自己有信心留住应聘者，就完全可以录用他。

误区四：不给应聘者回音。

在面试结束后，面试者通常会对应聘者说："我们会在近期通知你面试结果。"

然而，过了很多天，应聘者依然没有收到消息。

这种情况很常见，面试者通常不会继续关注不录用的应聘者。

但是，我真诚地建议你，除非你真的告知了应聘者"如果我们×天之内没有通知你，就是没有通过面试"，否则，无论是否录用，你都应该给应聘者一个答复。

从应聘者的角度来看，面试者通常代表着公司的形象。如果应聘者对面试者的印象不好，就很可能对公司的印象不好。如果应聘者把不满和吐槽发布在社交媒体上，公司的形象就会进一步受损。

误区五：美化公司，"忽悠"应聘者。

应聘者会美化自己，掩盖自己的缺点。同样地，有些面试者也会美化公司，甚至用"空头支票""忽悠"应聘者。

这样做的后果是很严重的，当应聘者在入职后发现你说的情况和实际情况根本不是一回事时，要么直接离职，要么丧失工作热情，逢人便说自己是被你"忽悠"过来的。

你可以通过展望公司的美好愿景、未来的发展空间来吸引应聘者和你一起奋斗，但不能故意掩盖当下的困难，因为你在为一个真实的岗位招聘一个真实的人。

你可以对照以上5个招聘中的常见误区，"有则改之，无则加勉"。

3.4 面试后应该录用谁

在面试结束后，面对若干个候选人，管理者应该如何选择呢？

3.4.1 弄清楚应聘者为什么想加入你的团队

在做管理的生涯中，我面试过很多应聘者。在面试快结束时，我基本上可以确定应聘者是否适合我的团队。不过，还有最后一个关键点需要考察，那就是应聘者的工作动机。

应聘者为什么想加入你的团队？

这个问题的答案很重要，它反映了应聘者的工作动机。工作动机越强的应聘者，越容易呈现出更好的工作状态，忠诚度也越高，不会轻易跳槽。

为了考察这一点，你可以向应聘者询问以下 3 个问题。

这是不是你热爱的事业？

你愿意为这份工作付出什么？

你期望从这份工作中得到什么？

以上 3 个问题的答案可以反映应聘者的工作动机，并作为你是否录用应聘者的重要依据。

我的团队里曾经有两名实习生，他们分别是小 A 和小 B。在实习结束后，根据岗位需求，其中一名实习生可以转为正式员工。

小 A 和小 B 是研究生同班同学，专业一样，两人在实习过程中的表现也相差无几。

最终，我们留下了小 A，关键理由是小 A 更热爱这个行业。在和小 A 交谈的过程中，我们能够感觉到小 A 对这个行业的热情。小 A 希望用自己的专业所学为这个行业的进步做一些贡献，同时获得个人职业的成功。

在小 B 身上，我们没有看出这一点。虽然小 B 做事很沉稳，能够兢兢业业地完成主管交代的任务，但是在交谈中，我们感觉到小 B 只是把这份工作当成一份工作而已，没有思考过自己想通过这份工作获得怎样的发展。

在这样的对比下，选择小 A 是理所当然的事情，因为我们不仅知道小 A 的工作动机是什么，还知道在以后的工作中应该如何激发小 A 的积极性。

如果应聘者说之所以想加入你的团队，是因为钱多、活少、离家近，你绝对不能录用他。

在录用应聘者之前，你要弄清楚他们为什么选择你的团队；除了钱，他们最大的工作动机是什么；他们是否在内心深处热爱这个行业；他们是认同你的团队的文化，还是想借助你所在的平台成就一番事业；等等。

总之，应聘者来源于心理层面的工作动机越强烈越好，如热爱、成就感、价值感等。

3.4.2　可以录用能力突出但有缺点的人吗

当然可以。

管理大师德鲁克曾讲过一个故事：福特公司的管理者在很多年前发现，他们明明只需要为工人的双手付费，却"购买"了整个工人。然而，他们不得不这么做，因为如果想要工人灵巧的双手，就必须接受工人的全部。

世界上不存在没有缺点的人，管理者要用人所长，多关注员工有哪些可用的长处，而不是员工的短处。

成熟管理者在面对应聘者的时候从来不问对方不能做什么，而是问对方能做什么，因为用好人的关键在于发挥并利用人才的长处解决问题、创造业绩。

所以，你要重点关注应聘者能做什么，判断他们的长处是否与岗位相匹配。

你可以思考一个问题：我是因为应聘者的缺点而把他们筛选出去的，还是因为他们缺乏招聘岗位需要具备的能力而把他们筛选出去的？

我录用过几十个应聘者，其中既有名校的硕士研究生，也有普通大学的专科毕业生；既有大大咧咧的乐天派，也有心细如发的内向者；既有创意十足的人，也有因循守旧的人。

每个人都有各自的优点和缺点，在招聘的时候，我重点关注他们的优点是否与岗位需求相匹配，以及如何在以后的工作中利用他们的优点。

举个例子，即使我们招聘了一个在工作中只考虑自身利益、缺乏团队精神的设计师，我们也不认为这有多大的问题。

一方面，在大多数时候，设计师需要单枪匹马解决问题；另一方面，这些缺点属于人性的弱点，我们可以通过团队文化的熏陶和流程管理来减少它们的负面影响，尽量不在工作中考验人性。

回看历史长河中的用人高手，无论是曹操还是曾国藩，在用人时都是泥沙俱下、不拘一格的,他们往往先把合适的人才放到合适的岗位上,再用合适的方法管理他们,而不是追寻"十全十美"的人才。

只要应聘者的缺点与岗位本身关系不大,就不是什么大问题。

例如,虽然应聘者欠缺社交能力,但是只要岗位本身不太需要社交,这就不算缺点。

又如,我在招聘设计师的时候几乎不考察应聘者的营销能力,而是侧重应聘者的创作能力和过往的作品。

总之,关键是应聘者的长处要与岗位需求相匹配,其他的并不是什么大问题。

3.5 录用后如何留住人才

马云有句名言流传得很广,大意是员工离职无非有两个原因:要么是钱给少了,要么是心委屈了。

虽然这句话影响很大,但是经过分析,我发现它不太准确。

"钱给少了"和"心委屈了"并不是并列关系,二者往往是因果关系。因为"钱给少了",所以"心委屈了",最终选择离职的大有人在。如果钱给得足够多,那么,即使工作再苦再累,员工的心里可能也不会觉得委屈。

管理者应该如何留住人才呢?

经过分析，我认为留住人才主要有 3 个关键因素，分别是薪酬待遇、发展机会、文化氛围，如图 3-3 所示。

第一个关键因素是薪酬待遇。

这个因素最为明显，员工对此也最为敏感。辞职的理由各式各样，很多时候，"工资太低"这一个理由就足够了。

图 3-3　留住人才的 3 个关键因素

由于同行业、同梯队公司的薪酬待遇往往相差无几，因此主要是另外两个关键因素决定你能否留住人才，不让人才跳槽到竞争对手的公司。

第二个关键因素是发展机会。

刚踏入职场的新员工通常对这个因素非常敏感，比较在意自己能否得到锻炼和提升。

当然，有些老员工也很在意这个因素，关注自己在现在的职位上还有没有提升空间、是否已经到了发展瓶颈、怎么做才能让薪酬待遇大幅度提升等，这些都是老员工考虑去留的关键因素。

好的管理者会经常和员工一起探讨职业生涯，并为其提供发展机会，用未来升职加薪的机会留住人才。

第三个关键因素是文化氛围。

有些团队之所以留不住人才，既不是招聘的问题，也不是薪酬待遇、发展机会的问题，而是文化氛围的问题，员工在这些团队里产生了不舒服的感觉。

有一种现象叫作"劣币驱逐良币"。

假设你招了一个特别好的新人,他在加入团队后发现同事很不可靠,所有事都要靠自己,于是辞职了。你又招了一个新人,他发现老员工会给他"挖坑",等着他往"坑"里跳,于是也辞职了。

这就是不健康的文化氛围。

不过,需要澄清的是,健康的文化氛围并不是千篇一律的,而是各式各样的。

有些团队的文化氛围是严肃、专业的,有些团队的文化氛围是活泼、轻松的,有些团队的成员彼此之间像家人、朋友一样,有些团队的成员之间是单纯的工作关系。无论是哪一种文化氛围,都没有绝对的好坏之分,关键看是否有助于开展工作、是否和团队的类型相匹配。

例如,设计团队需要开展创新性的工作,往往营造相对休闲、轻松的文化氛围;创业型团队大多倡导"大口喝酒,大块吃肉"的"狼性"文化氛围。

要想留住人才,管理者可以营造恰当的文化氛围,一定要形成健康的团队文化、剔除不健康的团队文化。

薪酬待遇、发展机会、文化氛围是留住人才的 3 个关键因素。需要提醒的是,对于不同的人,这 3 个关键因素的重要性是不同的,有的人更看重薪酬待遇,有的人更看重发展机会,还有的人更看重团队的文化氛围是否舒服。如果无法保证面面俱到,那么你可以扬长避短,用长板留住人才。

3.6 本章小结

请读者回顾本章的管理案例,并解决其中的问题。

结合本章的内容,我们不难发现,杨明从一开始就犯了很多错误。

在招聘前,杨明没有做好规划。

一方面,他没有结合实际的业务增长需要,而是盲目增设岗位、扩充人员,导致后期人员成本剧增,不得不裁撤团队成员。

另一方面,他没有为招聘岗位做好人才画像,招聘了根本不需要的人。

他需要的是一个能快速开拓市场的新团队,最需要的是能立即"上前线打仗"的人,根本没有时间和精力培养新人。在这种情况下,他却招聘了名牌大学毕业生李静。这表明他没有提前做好人才画像,根本不清楚自己到底需要什么样的人。

在招聘的过程中,杨明也犯了很多错误。

首先,他的面试技巧不足,导致王光这个"面霸"蒙混过关。案例中提到,王光的实际工作经验只有一年,却能在面试时对答如流,给杨明留下了深刻的印象。

正如上文所言,如果应聘者总是"对答如流",一方面说明面试者的问题大多是常规问题,另一方面说明应聘者做了"精心"的准备。

面对这种情况,面试者可以询问一些反常规的问题,以便了解应聘者更真实的水平。

其次,他在招聘高能力人才老张的时候犯了常识性错误。

老张本不愿加入,是杨明美化、夸大了分公司的前景,并给予了"空头支票","忽悠"老张加入了分公司。结果,老张在入职后发现根本不是那么回事,所以一遇到困难就离开了,顺便"拐走"培养了半年多的李静。

如果杨明能够吸取这一次的教训,在下一次招聘时,他应该怎么做呢?

结合上文所述的内容,他应该在每一个节点都做好相应的工作。

首先,在招聘前,他应该做好规划,谨慎增加人手,并且做好人才画像,弄清楚自己需要招聘什么样的人才。

其次,在招聘的过程中,他应该做好面试准备,尽可能地让应聘者表现出最真实的一面,这样才能更好地评估应聘者和岗位需求是否匹配。同时,他要避开用"空头支票""忽悠"应聘者等常见误区,避免录用留不住的人才。

最后,在团队建设中,他应该结合留住人才的3个关键因素,采取必要的措施,发挥团队的优势,吸引人才长期留下来。

第4章　做小团队管理者，你懂得用人策略吗

"在这里躺着的人知道选用比自己能力更强的人来为他工作。"

——美国"钢铁大王"卡耐基的墓志铭

用好人不是一件容易的事情，它既是一种值得掌握的技术，也是管理者的必修课。

● 4.1　曾经的上级变成了如今的下属，我该怎么管

我是一家培训公司的课程研发部主管，有8名下属，负责公司的课程研发任务。

两年前，我们部门的主管是娟姐，当时她由于个人原因离职了。

在娟姐离职后，老板提拔我顶替了她的位置。现在，她回来了。在这两年里她生了个宝宝，如今宝宝一岁多，她可以重返职场了。

由于照顾宝宝需要精力,因此娟姐和老板谈好了,她继续在我们部门任职,不过不承担任何管理职责,只做一名资深的专业型员工。

也就是说,她变成了我的下属。

娟姐在做我上级的时候是一名很严谨、控制欲很强的管理者,凡事都要过问,如果发现有错误或不合她心意的地方,就会滔滔不绝地讲道理,所以我当时不太喜欢和她沟通工作上的事情。

如今,她变成了我的下属,我需要给她安排任务、验收她的任务成果,感觉有点怪怪的,担心她会不会不配合我或用其他方式让我难堪,毕竟我领教过她的"长篇大论"。

一想到要管理自己的前上级,我就觉得头大。我该怎么办呢?是否应该请求老板把娟姐安排到其他部门?

如果你是我,你会怎么做呢?

接下来,让我们带着这个问题开始对本章内容的学习。

案例中的"我"遇到的是管理中的用人问题。一个合格的小团队管理者不仅要用好不如自己优秀的下属,还要用好比自己优秀的人才。

下面,我们来系统学习用人的知识体系,通过对相关内容的学习,看一看你能否找到上述管理难题的应对之策。

4.2 用人的两项核心原则

管理者和普通员工的最大区别是管理者需要通过他人完成工作。

用人之道是管理者的必备技能，所有事情都自己做的人算不上管理者。

团队是由各种各样的员工组成的，既有满腔热血但眼高手低的新员工，也有经验丰富但不太服管的老员工，既有事事都不用操心的"好员工"，也有什么事都做不好的"差员工"，还可能有管理案例中提到的前上级。

面对各式各样的员工，管理者应该怎么用人呢？

用同一种方式管理所有员工吗？

我们先了解一下用人的两项核心原则。

4.2.1 原则一：用人所长

用人所长指的是管理者应该了解并发挥员工的长处。

美国"钢铁大王"卡耐基的墓志铭说得非常透彻："在这里躺着的人知道选用比自己能力更强的人来为他工作。"

卡耐基之所以认为他用的人比他能力更强，是因为他能看到他们的长处，并在工作中发挥他们的长处。

遗憾的是，现实生活中的一些管理者只知道盯着员工的短处，如小张过于内向，小李过于张扬，小王大大咧咧、不够听话。

用这样的眼光看待员工，管理者会发现团队中能用的人越来越少，只能一个人做所有事情。

用好人的重点不在于弥补员工的短处，而在于发挥员工的长处。

用好人的关键是知道员工能做什么，管理者不必太在乎员工不能做什么。

任何员工都有这样或那样的缺点和短处，管理者可以在安排工作时尽量规避员工的缺点和短处。

如果小张非常内向，社交能力不足是他的短处，那么管理者可以给他安排不需要太多社交活动的工作，也就是不要强迫他用自己的短处完成工作，而应发挥他的长处。

例如，小张是一名视频设计师，他的长处是能够做出非常精彩的视频。管理者任用他的理由就是让他用这个长处解决视频问题，而不是让他开展社交活动。

这就是用人所长的道理。

4.2.2　原则二：根据不同的情境选择不同的管理策略

这项原则来源于情境领导理论，它要求管理者不能用一种方式对待所有员工，而应根据不同员工的不同工作状态，选择不同的管理策略。

如何判断员工的工作状态呢？

员工的工作状态是由员工的能力和意愿决定的，通过这两个维度的组合，我们可以得到"能力－意愿"四象限，分别是低能力、高意愿，低能力、低意愿，高能力、低意愿，高能力、高意愿，如图4-1所示。

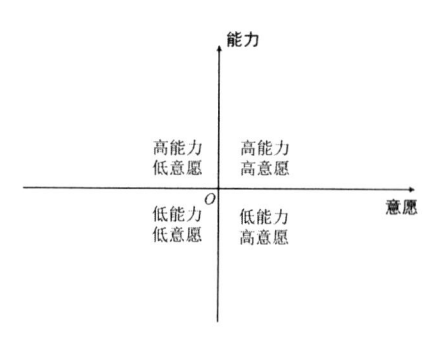

图4-1 "能力－意愿"四象限

对于处于不同工作状态的员工，管理者应采用不同的管理策略，分别是启发式、指挥式、激励式、授权式管理策略，如图4-2所示。

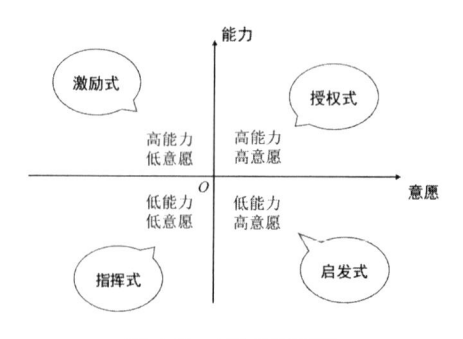

图4-2 4种管理策略

为了便于理解，我在后面的内容中设计了 5 个人物，他们分别是管理者 Jason 和他的 4 名下属 Amy、Billy、Calvin、David，如图 4-3 所示。

Amy　　Billy　　Calvin　　David

图 4-3　4 名下属

在他们身上分别发生了怎样的故事呢？

● 4.3　如何指导眼高手低的新员工

S 公司通过校园招聘精心选拔了一批应届毕业生，他们全部来自著名的重点大学，需要统一接受半年的基层锻炼。

Amy 是其中一名应届毕业生，经过半年的基层锻炼，她留在了 Jason 的团队中。

Amy 之所以能留下来，是因为她在基层锻炼的过程中大胆创新、极具个性。但是，到了实际工作中，Jason 越来越觉得 Amy 眼高手低、不听指挥。有时候，为了把自己的想法付诸实践，Amy 会与带她的老员工发生争执，让老员工很吃不消。Amy 把自己的目标定得很高，如果不能快速实现目标，她就很容易放弃，在遇到挫折的时候感到特别失望。此外，Amy还认为管理者应该对自己的每一点成绩都"明察秋毫"，做到绝对公平。

面对Amy这样眼高手低的新员工，如果你是Jason，你会怎么做呢？

我们来分析一下Amy的情况：Amy有很高涨的工作热情，但经验和能力不足，属于典型的低能力、高意愿型员工。

对于这种员工，管理者应该采用启发式管理策略（见图4-4），既要保护Amy难能可贵的工作热情，又要提升她的能力。

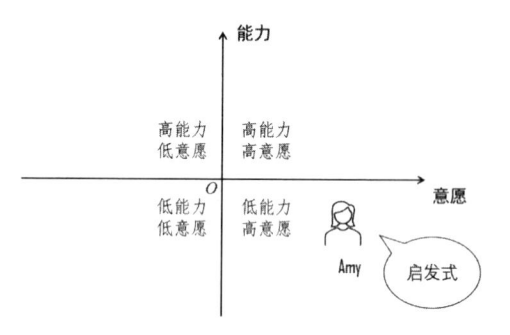

图 4-4 启发式管理策略

启发式管理策略包含4个模块，它们构成了"提问—反馈—鼓励—叮嘱"的流程。

Jason：Amy，昨天那个问题解决了没有？（提问）

Amy：还没有。我想了一夜，想到了一个非常好的主意，肯定能行！

Jason：说说看。

Amy：首先，我们应该……然后……最后……这样一定能事半功倍！

Jason：很好，我喜欢这个方案。不过，你考虑过风险了吗？（反馈）

Amy：还没有，我想风险应该很小，问题不大！

Jason：不要这样说，根据过去的经验，一旦出现意外，我们没有时间调整，就会很被动。你回去马上考虑一下如何防范风险，一会儿来找我。

Amy：好的，我回去考虑一下。那么，你认为我的想法很不错吗？

Jason：别着急，你的想法很好，但一定要防范风险，我们待会儿一起商量一下。另外，我们还需要邀请研发部门的同事一起谈一谈，听一听专家的建议。（鼓励）

Amy：好，我现在就回去考虑一下，一会儿来汇报。

Jason：可以，你一定要考虑细节，主要有3个地方需要注意……尤其是涉及政策的地方，不清楚就问我，千万不要盲目决定，有问题随时交流。（叮嘱）

Amy：明白，那我先回去了，一会儿向你汇报进度。

从上述对话中可以看出，Amy 的工作积极性较高，但能力不足，对某些问题考虑得不周全。

启发式管理策略的关键是，管理者只给提示，不断地进行启发和引导，让员工自己找到答案。

采用这种管理策略，员工会认为是自己找到答案的，而不是上级告诉自己的，员工的积极性会进一步提高。

如果采用命令式管理策略，强制要求员工按照管理者告诉的答案一步一步地做，就很容易激起员工的逆反心理和抵触情绪，导致原本积极性很高的员工变成被动的执行者。

启发式管理策略的对象不局限于新员工，老员工在面对新任务的时候，也会出现意愿很高但能力不足的情况。在这种情况下，启发式管理策略同样是有效的。

低能力、高意愿型员工的管理策略如表 4-1 所示。

表 4-1　低能力、高意愿型员工的管理策略

特点	低能力、高意愿
员工 / 任务情境	新员工 / 有吸引力的新任务
管理策略	启发式管理策略
具体手段	✓ 不直接告知员工解决办法； ✓ 启发员工找到解决办法，流程为"提问—反馈—鼓励—叮嘱"

4.4 如何管理能力差但有背景的员工

Billy 加入 Jason 团队的时间不长，已经屡次出现工作掉队的情况。

其他同事普遍反映，Billy 对分配给他的任务总是应付了事，工作能力也一般，一旦遇到稍微难一点的事情就拖后腿，大家都不愿意和他合作。

这让 Jason 头疼不已。

原来，Billy 是总部派下来的，据说是某位高管的亲戚，总经理曾特意关照，让 Jason 好好带一带 Billy。

面对 Billy 这种能力差但有背景的员工，Jason 应该怎么管理呢？

我们来分析一下：一方面，"有背景"意味着管理者无法轻易开除这种员工；另一方面，管理者也不能养闲人，这样既影响团队氛围，又不符合上级"好好带一带"的要求。

既然如此，管理者只能好好想一想应该如何管理这种员工。

我们来分析一下 Billy 的情况：从能力和意愿这两个维度来看，Billy 缺乏有效的工作方法，同时内心动力不足，属于低能力、低意愿型员工。

对于这种员工，管理者应采用指挥式管理策略（见图 4-5），先确保其有产出、有绩效，再考虑提升其意愿的问题。

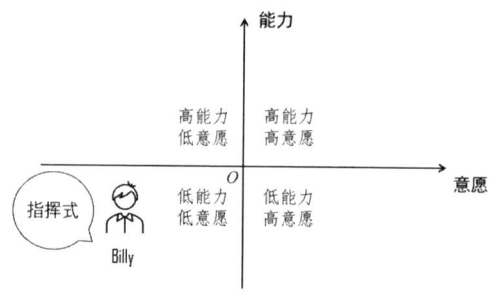

图 4-5　指挥式管理策略

指挥式管理策略的核心是，管理者要指导员工完成具体工作，任务的安排、关键点的突破等均由管理者把关。

这种员工普遍在工作态度上存在抵触情绪，管理者可参考以下流程。

4.4.1　第一步，反馈事实

反馈事实指的是通过数据和事实让员工认识到自己的不足之处，找到自己和其他人的差距，如"根据岗位要求，你每周需要完成 2 单，可你连续 4 周都只完成了 1 单"或"这个月给你分配了 4 项任务，你只完成了 3 项，其他同岗位的同事完成了 6 项"。

不是主观推测，而是用事实说话，会让你的反馈更具说服力。

错误做法是不反馈事实，只反馈个人观点，如"你做得不怎么样""你心里难道没点数吗"。这些属于主观的个人看法，不是事实，很容易激起员工的抵触情绪。

员工听到这样的话，即使嘴上不辩解，心里也会不服气："我怎么做得差了？一上来就说我，证据呢？"

管理者最好用数据和事实进行反馈，让员工清楚地认识到自己的问题，并愿意接受管理者的指导。

4.4.2 第二步，具体指导

具体指导指的是任务的安排、关键点的突破等均由管理者把关，员工尽可能按照指导一步一步地执行，也就是管理者提供步骤和方法，员工执行，具体过程如下。

Jason：很明显，你现在需要提高成单率，你有没有什么想法？

Billy：我哪有什么想法呀？你就说要我怎么做吧！

Jason：根据我的经验，提高成单率需要分成4个步骤来进行，第一步……第二步……第三步……第四步……你觉得可以吗？

Billy：你要是觉得可以，那我可以试一试。

Jason：好，你记一下这些步骤，每完成一步都要立即向我汇报，我会仔细检查，没问题后你再继续下一步。

4.4.3 第三步，及时认可

管理者的认可能够激发员工的信心和工作成就感，管理者应在员工的工作取得进展之后及时给予认可。

由于这种员工处于低意愿、低能力的工作状态，因此管理者可以从这两个维度入手。

第一个维度是认可意愿。

管理者可以对员工工作意愿的提升给予认可，如"我看到你昨天为了解决这个问题加班了，可见你真的很希望解决这个问题"。

管理者对员工工作意愿的提升给予认可，可以进一步激励员工提升工作意愿。

第二个维度是认可能力。

管理者可以对员工工作能力的提升给予认可，如"你把第一步完成得非常好，进步明显"。

管理者对员工工作能力的提升给予认可，可以激发员工的工作信心、明确员工的工作方向。

一个经常被否定的人一旦得到认可，即使被认可的只是一个很小的优点，他也会受到激励。

如果最终的结果还是不理想，那么管理者可以返回第一步，重复这个流程，如图4-6所示。

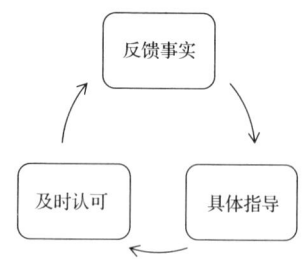

图4-6 反馈事实、具体指导、及时认可的流程

通过这个流程，管理者可以在指导低能力、低意愿型员工取得理想结果的同时，激发其工作意愿和工作信心。

低能力、低意愿型员工不局限于 Billy 这一种类型，其他类型的员工在面对不擅长的工作任务时，也容易陷入这样的工作状态。例如，由于某些因素，你不得不安排一个比较内向的员工完成接待客户的任务，即使该员工平时的工作绩效很优秀，但在面对这项任务的时候，其工作状态也很有可能是低能力、低意愿的。

只要员工陷入了低能力、低意愿的工作状态，指挥式管理策略就是一种非常有效的策略。低能力、低意愿型员工的管理策略如表 4-2 所示。

表 4-2　低能力、低意愿型员工的管理策略

特点	低能力、低意愿
员工/任务情境	低绩效员工/不擅长的工作任务
管理策略	指挥式管理策略
具体手段	指导员工完成具体工作，参考流程如下： ✓ 反馈事实； ✓ 具体指导； ✓ 及时认可

4.5　如何管理资历比自己深的员工

在 Jason 的团队中，除了新员工 Amy 和有背景的 Billy，还有一名老员工 Calvin。Calvin 的专业经验很丰富，资历很深，他

虽然是 Jason 的下属，但是比 Jason 更早进公司。

正因如此，在给 Calvin 安排任务的时候，Jason 往往会感受到一些阻力。Calvin 经常会推辞一番，即使最终接受了任务，态度也很勉强。

例如，在一次部门会议上，Jason 让 Calvin 负责公司的新员工培训项目，Calvin 却说自己最近事情有点多，忙不过来。

Jason 对此早已习以为常，他沉住气继续说："你去年不是做过一次这个项目吗？今年再做一次还不是小菜一碟？"

可 Calvin 不接招，难为情地说："虽然我去年做过一次，但是今年的情况有些特殊，我也没有太大的把握。"

在部门会议上，当着这么多员工的面，Calvin 这种"打太极拳"的态度让 Jason 心里有点恼火。于是，他严肃地说："这个项目非你莫属，就这么定了，如果有什么问题，会后私下和我说！"

Calvin 只好一摊手，说："好吧，你是领导，你说了算。先说好了，如果出了什么问题，我可不负责。"

Jason 对 Calvin 的工作能力毫不怀疑，但是对他这种无论安排什么任务都要推辞一番的工作态度很不满，觉得很无奈。

如果你是 Jason，你会怎么做呢？

我们来分析一下 Calvin 的情况：Calvin 属于高能力、低意愿型员工。对于这种员工，管理者应采用激励式管理策略（见

图 4-7），设法激发其工作意愿。

```
         激励式     能力
                    ↑
         Calvin    高能力  │  高能力
                   低意愿  │  高意愿
                          │
         ─────────────────O─────────────── 意愿
                          │
                   低能力  │  低能力
                   低意愿  │  高意愿
```

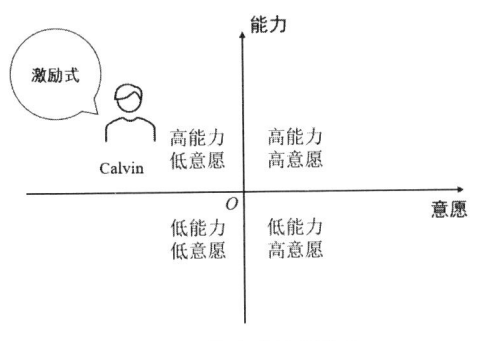

图 4-7　激励式管理策略

具体要怎么做呢？

很简单，管理者首先要了解员工的需求，然后通过满足需求来达到激励员工的目的。

Calvin 的需求是什么呢？

人的需求可以分为两类：一类是心理需求，如期望被尊重、被重视、被理解和得到支持等；另一类是物质需求，如期望达成优秀绩效或获得奖励等。

相应地，管理者的激励也可以双管齐下。

首先，在心理方面，Calvin 觉得虽然自己是老员工，但是 Jason 往往直接给自己安排工作，很少征询自己的意见，自己体会不到被尊重的感觉，所以产生了抵触情绪。

其次，在物质方面，Calvin 虽然是老员工，但是绩效考核表现一直平平无奇，他虽然有能力，但是工作态度不佳，所以没有什么拿得出手的业绩。

了解了以上两个方面，Jason想出了解决办法，单独和Calvin进行了谈话。

Jason：Calvin，我看你对这个项目的安排好像有不同的看法，是觉得太难吗？

Calvin：难倒是不难，但如果按照你说的那样做，牵涉的面就太广了，很难保证效果。

Jason：关于这一点，我确实考虑欠妥，你在这方面比较资深，你觉得怎么做比较好呢？

Calvin：我的确有这方面的经验，只是这次的情况真的比较特殊。

Jason：我非常理解，所以这个项目非你莫属啊！此外，这个项目是公司特别强调过的，领导也很重视，如果你做得漂亮，对你的年终绩效考核肯定有好处。

Calvin：我明白了，那我先构思一个方案，然后和你讨论一下。

Jason：你什么时候有结果？我等你消息。

Calvin：不用很长时间，我今晚就把方案发给你。

在谈话过程中，Jason非常尊重Calvin老员工的身份，满足了Calvin的心理需求和物质需求，从而激发了Calvin的工作意愿。

高能力、低意愿型员工往往是经验丰富的老员工，在工作中基本上能够独当一面。如果他们认真工作，往往能取得不错的成果；一旦他们以应付的心态工作、消极怠工，工作的开展就会非常吃力。

所以，能否用好这种员工对管理者非常关键。

对于高能力、低意愿型员工，管理者应采用激励式管理策略，想办法激发其工作意愿。

至于具体的激发方式，管理者既可以从心理需求入手，也可以从物质需求入手，还可以从心理需求和物质需求两方面入手，这样效果会更好。

在心理方面，管理者要关注员工的心理需求，满足员工期望得到尊重、关注的心理诉求。

在物质方面，管理者可以在条件允许的前提下给予员工一定的利益奖励，"重赏之下，必有勇夫"，通过奖金、升职加薪等物质奖励激发员工的积极性。

对于有能力的老员工，管理者可以给他们委派更多的任务，直接找他们要结果，既不需要像对待新员工那样时时叮嘱，也不需要像对待低能力、低意愿型员工那样具体指导工作细节。

激励式管理策略的对象不局限于老员工，在某些任务情境中，平时很积极的员工也可能遇到虽然能胜任但是不太愿意做的工作，陷入高能力、低意愿的工作状态。在这种情况下，激励式管理策略同样是有效的。

高能力、低意愿型员工的管理策略如表 4-3 所示。

表 4-3 高能力、低意愿型员工的管理策略

特点	高能力、低意愿
员工/任务情境	有能力的老员工/缺乏新鲜感的任务
管理策略	激励式管理策略
具体手段	✓ 关注并满足员工的心理诉求； ✓ 给予员工一定的利益奖励； ✓ 关注结果，而非过程

4.6 如何留住高绩效的优秀员工

某天，一个客户打电话向 Jason 求援，说他有一个业务问题需要解决，如果这个问题得不到解决，就会伤害双方的合作和信任关系。

在了解了情况后，Jason 第一个想到能解决这个问题的人就是 David。

在接到任务后，David 先说了一句"好的，我来负责"，然后问了几个问题，便立即与客户取得联系，投入了工作之中。

过了两天，David 向 Jason 汇报了他的思路、计划和任务目前的进展，Jason 听了以后感到很放心，他不由得感叹：如果所有员工都能像 David 一样，那该有多好呀！

不难看出，David 属于高能力、高意愿型员工。

前几种员工存在这样或那样的问题,要么是能力低,要么是意愿低,甚至能力和意愿都低。

相比之下,工作能力强、工作态度积极的 David 似乎没有缺点。

对于这种员工,管理者也要讲究管理策略吗?

既然是工作能力强、工作态度积极的优秀员工,难道不应该怎么用都很放心吗?

看上去好像是这样,事实上,错误的管理策略很可能打击优秀员工的积极性,让他们沦为有能力、没动力的平庸员工,甚至导致优秀员工的流失。

那么,什么样的管理策略是正确的呢?

对于高能力、高意愿型员工,管理者应采用授权式管理策略(见图 4-8),通过合理授权来发挥其才能,同时激发其潜能,让他们从优秀员工变为卓越员工。

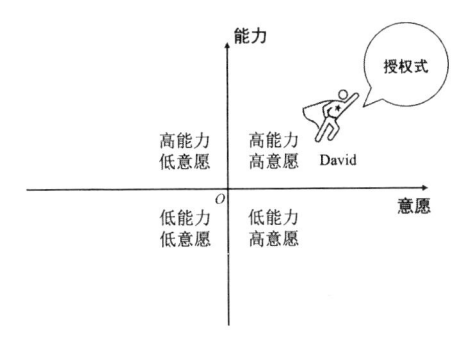

图 4-8 授权式管理策略

具体应该怎么做呢？

授权指的是授予员工对某件事负责的权力。

管理者只需要找优秀员工要结果，不必太关注过程，让他们感觉到你对他们的认可和信任。

同时，管理者可以为优秀员工设定更高的目标，鼓励他们接受更大的挑战，"海阔凭鱼跃，天高任鸟飞"。

此外，管理者还应制订人才发展计划，让优秀员工清楚下一步的发展或晋升路径，以免他们过早进入发展瓶颈期，进而导致人才流失。

在通常情况下，优秀员工往往很重视自己的发展前景，不太重视当前遇到的困难。对于这一点，管理者要正确应对。

在和这种员工面谈的时候，我通常会重点谈论他们的职业发展规划，引导他们看得更远，让他们把眼下遇到的困难和挑战当成锻炼的机会。能够以这样的心态面对有难度的工作任务，是优秀员工的特质。

管理者一定要珍惜优秀员工。不过，珍惜他们的方式不是千方百计地呵护，不把困难的任务安排给他们，而是给他们更多的锻炼机会，并让他们知道你在锻炼他们，你在给他们施展能力的平台。

值得一提的是，虽然得到授权是高能力、高意愿型员工的"专属特权"，但是在某些高难度的任务情境中，优秀员工也可能陷入低能力、高意愿的工作状态，管理者需要对管理策略进行适当的调整。

相反，有些员工虽然平时不积极主动，但是在遇到特定任务的时候，会变得既能胜任，又乐意完成任务。

我的团队里曾经有一名叫作金子的员工，她是视频设计师，在工作中属于比较低调的类型。我一般不会把特别难的任务交给她，也不敢对她完全放权。

但是，一旦需要组织团建活动（无论是聚餐还是出游），我一定让她负责，因为她总是能把任务完成得非常漂亮。

她有组织方面的天赋，可以照顾到每一个人，而且很会活跃气氛。在这种任务情境中，我不再是管理者，而是一个"小兵"，一切都听她的指挥和安排。

员工还是那个员工，随着任务情境的改变，员工的工作状态变成了高能力、高意愿的状态，我的管理策略也要适时调整为授权式管理策略。

高能力、高意愿型员工的管理策略如表4-4所示。

表4-4　高能力、高意愿型员工的管理策略

特点	高能力、高意愿
员工/任务情境	优秀员工/某些方面比较擅长的任务
管理策略	授权式管理策略
具体手段	✓ 授权，让员工负责； ✓ 约定在哪些情况下员工需要汇报

4.7 如何征服"老油条"型员工

"老油条"型员工常常令管理者非常头疼,他们有经验、有资历,却不肯配合。

他们对工作挑肥拣瘦,能出五分力,绝不出七分功,对紧急任务漫不经心,动不动就说"以我多年的经验来看……"。

更让管理者头疼的是,他们仗着多年积累的经验,貌似洞悉一切"潜规则",对各种管理手段不屑一顾,认为它们只是"套路"而已。他们不仅自己消极怠工,还会通过自身的资历和影响力,把负面情绪传递给其他人。如果你无法征服"老油条"型员工,你的管理举措就很难百分之百地落实。

对于这种员工,管理者应该怎么办呢?

首先,就宏观的总体策略而言,管理者需要对员工进行分析。

显然,这种员工属于高能力、低意愿型员工,总体策略应该是激励式管理策略,如图 4-9 所示。

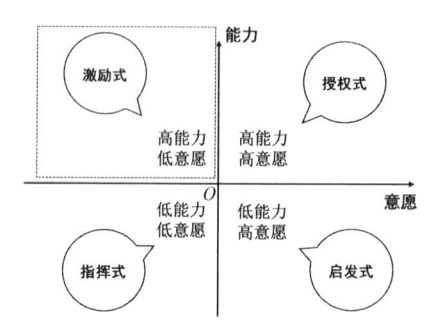

图 4-9 "老油条"型员工的管理策略

其次，就具体员工而言，管理者应该明确一点：没有人生来就是"老油条"。很多"老油条"是升职失败或晋升无望的员工，他们的消极心理主要来源于对通过正常途径更进一步感到心灰意懒，因此一蹶不振，浑浑噩噩地混日子。

基于这种员工的心理，结合激励式管理策略，管理者可以从以下3个方面入手。

第一，确立员工感兴趣的目标。

首先，管理者要确立员工感兴趣、想实现的目标，然后把目标与员工当前的工作结合起来，让员工明白只要完成工作就能实现目标，唤起员工的工作热情。

我的团队里曾经有一个升职失败的项目经理，她一度非常失望，对工作也很抵触，几乎成了一个"老油条"，甚至导致项目拖延，引起了客户的不满。

我和她立下约定，只要她在3个月内顺利完成某些项目，并改正工作态度，我就亲自向老板申请让她升职。

这个目标很明确，接下来，她的表现焕然一新。到了3个月期满的时候，她实现了目标，我也履行了承诺。

后来，在一次工作面谈中，我问她是不是被明确的升职条件燃起了斗志。

她说不完全如此，明确的升职条件固然重要，但更重要的是，她觉得自己的心理需求被上级洞察到了，而且得到了满足，这让她感觉自己是被重视的，而非被抛弃的。

她的需求分为两个层面，表层是物质需求，深层是心理需求。

物质需求是想升职加薪，更重要的心理需求是希望被重视。

如果我一直对她的心理需求置之不理，或者简单粗暴地对她消极的工作态度进行冷冰冰的绩效考核甚至惩罚她，她就会彻底心灰意懒，变成"老油条"型员工。

我想通过这个故事说明的是，确立目标只是表面，背后隐藏着管理者对员工的重视和"不抛弃、不放弃"的态度。

第二，分配工作职责，而非具体任务。

关于这一点，我们在分析有经验的老员工时曾反复提及。有时候，员工之所以不主动、不积极，是因为管理者管得太细、太多。

如果管理者管得太细、太多，给员工分配的任务太过具体，员工就容易沦为被动的执行者，丧失主动性。

反之，若管理者分配工作职责，鼓励甚至要求员工主动思考、寻找解决问题的答案，则能提升他们的积极性。

我接触过很多管理者，发现好的管理者大多习惯于让员工负责，询问员工对问题的看法。一旦员工做出成果，他们就会积极地肯定员工，仿佛比自己完成任务还要开心。

第三，安排有挑战性的任务。

如果有条件，那么管理者可以给"老油条"型员工安排一些无法依赖于经验的任务，激发他们的潜力。

"老油条"型员工往往认为自己的优势在于经验丰富，容易故步自封。

管理者可以给他们安排有挑战性的任务，要想完成任务，他们必须尝试新的东西，从而激发自身的潜力。

这种方法的关键在于激励员工全力以赴并最终取得成功。只要成功一次，他们就会建立起对自己的信心和对管理者的信赖，觉得是管理者让他们完成了原以为自己不可能完成的任务。

每一名员工都有各自的优点和缺点，管理者要用人所长，不要轻易给任何员工贴上"老油条""马屁精""大懒虫"等不好的标签。一旦贴上这些标签，管理者就会下意识地盯着员工的缺点，觉得他们这也不行，那也不好，总是不放心把事情交给他们，这是与用人所长的原则背道而驰的。

4.8 如何揪出团队中的"南郭先生"型员工

我们曾学过一则叫作《南郭先生》的寓言故事，通过这个故事，我们学到了一个叫作"滥竽充数"的成语。

这则故事告诫我们：不能做滥竽充数的"南郭先生"。

你可以审视一下自己的团队，看一看其中是否存在滥竽充数的"南郭先生"型员工。

低绩效员工分为两类：一类是明面上的，另一类是滥竽充数的。

"南郭先生"型员工属于后者，他们平时看上去兢兢业业、忙忙碌碌，却没有实质性的产出。他们看起来和其他员工别无二致，甚至有时候很积极，大声响应你的号召，却没有什么拿得出手的成果，虽然能力不强，但是依然在团队中享受和其他员工一样的待遇。

如果你认为"有没有'南郭先生'型员工无所谓，反正我的团队整体战斗力很强，我只要看到整体结果就行"，你就太天真了！

研究证明，如果团队中出现"搭便车"者，也就是"南郭先生"型员工，那么其他员工很容易产生不公平的感觉。

如果"搭便车"者没有受到相应的惩罚，那么其他员工会逐渐减少自己的贡献。

长此以往，一些员工学会了出工不出力，另一些有追求的优秀员工会因为无法忍受不公平的待遇而离开。

如果团队中真的有"南郭先生"型员工，你应该怎么做呢？

首先，你要让"南郭先生"型员工浮出水面，让他无法滥竽充数。

要想做到这一点，你需要了解每一名员工的能力，记录员工的贡献值和待遇，不要看员工做了什么、怎么做的，关键要看员工做出了什么、有哪些成果，既不要被"南郭先生"型员工出工不出力的"表演"蒙蔽双眼，也不要用"他没有功劳也有苦劳"来"催眠"自己，其他员工都有功劳，为什么他只有"苦劳"呢？

其次，在揪出"南郭先生"型员工后，你可以用对待低绩效员工的方法对待他。如果是能力有问题，就给予辅导；如果是态度有问题，就给予激励，推动其改变、进步。

最后，如果"南郭先生"型员工毫无改进，那么你可以通过降职、降薪来匹配其较低的贡献值，或者果断让其离开。

管理者要明白一个道理：对低绩效员工宽容，就是对高绩效员工的惩罚。

揪出并惩罚团队中滥竽充数的"南郭先生"型员工不是一件可做可不做的小事，而是一个管理重点。

4.9 本章小结

本章重点阐述了用人的两项核心原则（分别是用人所长和根据不同的情境选择不同的管理策略），并具体分析了针对眼高手低的新员工、能力差但有背景的员工、资历深的老员工和高绩效的优秀员工的不同管理策略。

请读者回顾本章的管理案例，并解决其中的问题。

首先，"我"应该明确以下两点。

第一，要用人所长，前上级如今是一名有长处的资深员工。

在"我"眼里，娟姐是前上级；在老板眼里，她一直是员工，老板看重的是她的专业技能和解决问题的能力。

对于"我"来说，娟姐是"前上级"；对于其他员工来说，她只是一个比较资深的同事。假设"我"和娟姐之前不认识,现在就不会存在"该怎么管理"的担心。

第二,不要贴标签,不要先入为主地把人往坏处想。

担心娟姐不配合自己或让自己难堪只是"我"先入为主的想法,其实大可不必。

如果"我"从一开始就把娟姐放到自己的对立面,那么很容易在实际工作中真的把她当成"假想敌"。一旦遇到任何困难和问题,"我"很可能归结为她故意不配合自己或故意让自己难堪。

对于没有发生的事情,我们没有必要提前编故事。

其次,如果娟姐入职了,"我"应该怎么和她相处呢?

"我"需要分析一下娟姐的能力和意愿:娟姐是资深员工,能力很强;她的意愿是未知的,既可能强烈,也可能不强烈。

答案很明显,娟姐属于高能力型员工,其管理策略如图 4-10 所示。

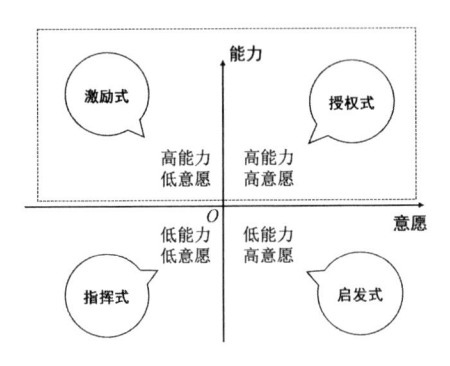

图 4-10 高能力型员工的管理策略

如果她属于高能力、高意愿型员工，那么"我"可以采用授权式管理策略，少问过程、多要结果，这对双方都好。

如果她属于高能力、低意愿型员工，工作态度比较消极，那么"我"可以采用激励式管理策略。

要想激励娟姐，"我"需要了解她的需求，通过满足需求的方式激励她。这是激励式管理策略的要义，其原则非常简单。

第一，在工作上不要太关注过程，可以大胆信任对方的能力。

第二，在情感上多给予尊重、理解和支持。

最后，我们来思考当老板安排你的前上级做你的下属时，你应不应该拒绝的问题。

答案是不应该拒绝。你不仅不应该拒绝，反而应该欢迎。

一方面，前上级即使不再继续做管理，也是资深的专业人士。如果你能善用对方的长处，就可以把一些难题和重要项目交给对方负责，不用所有事都亲力亲为。

另一方面，如果前上级能在你的团队中好好开展工作，那么老板会很认可你的能力，觉得你具备一定的领导力。

万事开头难，"我"应该如何"开头"呢？

很简单，"我"可以直接和娟姐进行一次面对面沟通，让她谈一下自己对工作的想法，同时让她了解"我"的想法。

如果双方还没有面对面沟通过，现在开始也来得及，了解彼此的期望和想法有助于在共事时消除很多误会和麻烦。

第 5 章　小团队怎么做绩效管理

对于很多管理者来说，绩效管理是一个"熟悉的陌生人"。

之所以说它熟悉，是因为管理者听过很多次，在工作中也经常接触它。

之所以说它陌生，是因为管理者可能既未真正认识过它，也未曾想过什么是真正的绩效管理。

在本章中，我们将重新认识绩效管理。

● 5.1　杨经理的困惑

杨启明的团队大约有 10 名员工，负责为公司的 App 平台研发内容。

作为经理，杨启明需要对员工进行绩效管理，他每个月都要向 HR 部门发送一份绩效考评表，上面写着每名员工该月的绩效得分。根据绩效得分，财务部门会为员工核算绩效工资。

如果绩效得分为 1.1 分，就意味着绩效工资是原来的 1.1 倍。绩效得分最高是 1.3 分，最低是 0.8 分。在大多数时候，大家基本上都是 1 分。

依据公司的制度，杨启明需要做的绩效管理工作非常简单，那就是在月底填写一份绩效考评表。如果某个月既没有让他印象特别好的突出贡献者，也没有让他印象特别差的问题员工，他就给所有人都打 1 分。

这算绩效管理吗？

这样的绩效管理看似无功无过，实则很难对团队绩效的提升起到实质性作用。

例如，李丽是团队中很有经验的员工，如何通过绩效管理帮助她更进一步呢？

刘新是新人，如何通过绩效管理帮助他快速胜任岗位呢？

团队中既有内部项目，也有外部项目。与内部项目相比，外部项目的难度和强度更高，员工普遍不愿意参与外部项目。在这种情况下，如何通过绩效管理激励员工参与外部项目呢？

如果员工每天都按部就班，那么 1 个动画设计师每个月可以完成 3 个样片，1 个策划师每个月可以完成 4 个脚本，如何通过绩效管理突破目前的产能瓶颈呢？

无论是员工的成长还是绩效的提升，都与绩效管理息息相关，杨启明却束手无策。

如果你是杨启明，你会怎么做绩效管理呢？

5.2 为什么你的绩效管理没有用

什么是绩效管理?

在很多员工眼里,绩效管理是管理者考核他们的一种手段。

在很多管理者眼里(如本章的管理案例中提到的杨经理),绩效管理是每个月交给 HR 部门的一份表格,上面有员工的绩效得分。

这是绩效管理吗?

对于绩效管理,最容易被忽略的一点恰恰是最重要的一点,即绩效管理的根本目标。

我们为什么要进行绩效管理呢?

是为了奖励优秀员工、惩罚落后员工,还是为了让所有员工都对自己的绩效得分心服口服?

都不是。

绩效管理的根本目标在于"提升"——让员工获得提升,让绩效获得提升。

如果能抓住这一点,你就会发现绩效管理简单了很多。

有些管理者说:"××表现很差,真是忍不住想骂他。"

这时候想一想,骂他是否有利于提升他的绩效,可能就会冷静下来了。

还有些管理者说:"××脾气不好,真不知道怎么和他沟通他的绩效,担心他发脾气。"

这时候想一想，自己的目的是让他提升绩效，可能就没有那么多顾虑了。

绩效管理的关键是抓住绩效管理的根本目标，即想方设法地提升绩效。

这样，围绕根本目标所做的任何绩效管理工作（无论是确定任务指标还是沟通反馈）都是有的放矢的，可以免去很多麻烦。

绩效管理不仅仅是填写绩效考评表，这只是第一个关键认知，还有第二个关键认知。

当我们把提升绩效作为绩效管理的根本目标时，我们会发现，每个月进行一次绩效考核是远远不够的。绩效考核不能等同于绩效管理，绩效考核、绩效评估等只是绩效管理的一部分。绩效管理循环如图 5-1 所示。

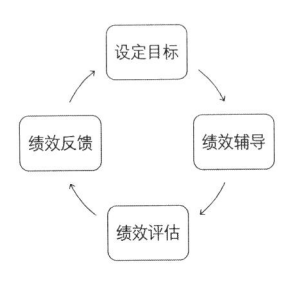

图 5-1　绩效管理循环

从图 5-1 中我们可以看出，绩效管理循环由 4 个部分组成，分别是设定目标、绩效辅导、绩效评估、绩效反馈。管理者没有做其他工作或工作做得不到位，却期望员工能够在绩效评估中有一个好结果,这是不太可能的。

我有一个下属主管,他经常向我抱怨某员工不好,尤其是工作积极性差、不主动承担责任,工作成果也不尽如人意,关键是这么多年一点长进都没有。

经过详细了解后我发现,这么多年来,那个主管既没有对该员工做过绩效辅导,也没有给出过明确的绩效反馈。

当我找该员工了解情况时,该员工也很无奈,他能感觉到主管不喜欢自己,却不知道主管不喜欢自己的原因,还以为主管只是看自己不顺眼呢!

类似的情况在组织管理中屡见不鲜,管理者对员工不满意,员工却不知道管理者对自己哪里不满意,既没有改进的方向,也没有改进的机会,只能在管理者不满的眼神中小心翼翼地工作,或者离开。

虽然类似的情况不算少见,但是,只要管理者树立正确的绩效管理理念,就能避开一些常识性误区。

在接下来的内容中,我将逐一介绍绩效管理循环中每个部分的关键点。

● 5.3 设定目标,让员工产生行动的冲动

目标和方向是非常重要的,无论是给员工制定工作指标,还是在日常工作中给员工委派任务,都要设定目标。只有设定了目

标，员工才能产生行动的冲动。

怎么做才能让员工带着目标感行动呢？

5.3.1 目标从哪里来

团队目标通常来源于两方：一方是上级，其目标与公司的战略相关；另一方是下属，由下属自行决定每个月完成多少业绩。

你的团队目标是从哪里来的呢？

如果你的团队目标是自下而上的，即来自下属，由下属自行决定，那么你的团队应该很有活力。

需要注意的是，如果下属每次都能轻松实现目标，就说明下属把目标定得太低了。太容易实现的目标不是合理的目标，反而会限制下属持续提升的可能。

我曾经管理过一个视频课件设计团队，该团队由各种设计师组成。为了提高创作的自由度，我让设计师自定目标。我发现大多数设计师会给自己设定 1 个月完成 3 个视频课件的目标，他们基本上每个月都能实现这个目标。能够轻易实现目标，说明目标定得有点低了。于是，我对他们的目标进行了一些调整，要求他们提升产能。

这是下属自定目标的一个弊端，虽然下属自定目标有利于提高创作的自由度，但是大多数下属会习惯性地把目标定得低一些，以便轻松实现目标。

如果你的团队目标是自上而下的，即来自上级，那么通常会遇到另一种情况，那就是上下级期望存在差异。

上级给你定了一个高目标，你和下属沟通，他们说只能完成80%，怎么办？

下属的目标定得比上级的目标低是很正常的情况，因为上下级掌握的信息量不同，所以他们对市场环境、业务节奏预期和团队能力等的判断不太一样。在这个时候，你要记住你的目标是靠团队实现的，简单粗暴地把目标强压下去是没有用的。

首先，你需要和上级沟通，确认目标的必要性和可行性，资源不够就要资源，条件不够就谈条件。

然后，你需要和下属充分沟通，让他们知道目标的意义。在一般情况下，管理者可以从客户价值、企业价值、员工价值等角度说明目标的意义，目的是让下属意识到他们在做一件非常有价值和意义的事情，晓之以理，动之以情，让他们真正理解和认同目标的合理性。

最后，非常关键的一点是，管理者要带领下属一起制定实现目标的策略。

总的来看，如果目标来自下属，那么管理者需要注意目标过低的情况。

如果目标来自上级，那么管理者需要和下属共同探讨、达成共识，并制定实现目标的策略。

无论如何，团队一定要有目标，以此确保团队的工作是围绕目标展开的，而不是与目标无关的。

5.3.2 如何通过目标解读激发员工的积极性

如何激发员工的积极性？如何让员工承担更多或更有挑战性的工作、付出更多的努力？

我的答案是目标解读，通过它，将管理者希望员工做的事变成员工自己想做的事。

什么是目标解读呢？

它指的是将团队目标转换成员工的个人目标，让员工在实现个人目标的同时实现团队目标。

在大多数情况下，管理者关注的是团队的整体目标，而员工更在乎的是个人的得失，也就是个人目标。

在日常工作中，管理者经常做的工作是对大目标进行拆分、细化，将其转换成很多项小任务，并分配、落实到每一名员工身上。

必须承认的是，无论是拆分、细化之前的大目标，还是拆分、细化之后的小任务，往往都不是员工内心的个人目标。

员工不是机器，而是活生生的人。他们在团队中工作，有自己的想法，既可能有近期的目标，也可能有长远的目标，既可能想增加收入，也可能想积累经验、获得成长和进步。不管怎样，他们都是有自己的想法和诉求的人。

如何让各有打算的员工心甘情愿地为实现团队目标而卖力工作呢？

管理者要扮演好"解读者"的角色，对团队目标进行解读，并将其与员工的个人目标结合起来。

举个例子，你给新员工小王分配了一项任务，让他收集某个方案的数据资料。

如果是下达命令，那么你可以说"小王，你收集一下这个方案的数据资料，在周三下班前给我"。

如果是进行目标解读，那么你可以像下面这样说。

这项任务很重要，我需要在方案中向上级汇报（团队目标）。

这项任务对你也非常有意义：第一，你可以通过收集数据资料更加全面地了解业务，快速融入团队（个人目标）；第二，你以后的工作会经常涉及收集数据资料，你可以借此锻炼、提升一下这方面的能力（个人目标）。

经过目标解读，小王不会简单地把这项任务看成上级分配的差事，而是会发现这项任务对团队和自己的价值，从而在心理上更加认同这项任务，工作的时候也会更有动力。

张丽管理着一个电销团队，团队中的每一名员工每天都要面对上百次拒绝，有的客户会直接挂断电话，还有的客户会破口大骂。如果没有强大的信念作为支撑，这种压力是很难承受的。

一开始，张丽只将业绩作为激励员工的手段，让员工明白推销成功的客户越多，赚的钱就越多。

这样做考虑了员工的个人目标（赚钱），虽然有一定的效果，但是还不够。

后来，张丽发现很多员工刚刚参加工作，学习和成长的欲望很强烈。

于是，张丽对他们说："电销是所有销售中最难的，如果你们能够做好电销，你们的沟通能力和销售能力就会得到极大的提升，以后做任何沟通、任何销售都不是难题。"

听到这番话，员工动力果然大增，对客户的拒绝也没有那么敏感了，因为他们把每一次被拒绝都当成一次学习的机会。

总而言之，目标解读是指管理者将希望员工做的事变成员工自己想做的事。

这种技能不是一下子就能掌握的，管理者至少要完成以下3个步骤。

第一步，明确团队目标和分配给员工的每一项工作的具体目标。

第二步，了解每一名员工，洞悉他们的想法和诉求，与员工保持沟通。

第三步，对团队目标进行解读，并将其与员工的个人目标结合起来。

能否将员工的个人目标与团队目标结合起来，是衡量管理者管理水平的重要标准。

通过对团队目标的解读，管理者能够获得的收益不仅包括员工敬业度的提升，在解读的过程中，管理者还能向员工展示自己的心胸。

如果员工知道管理者愿意倾听他们的想法、重视他们的个人利益，他们对管理者的信任度和忠诚度就会提升到新的高度。

5.3.3　让 SMART 原则成为团队的工作习惯

在很多时候，之所以团队没有实现目标，是因为上下级对目标的认知不一致，没有达成共识。本节内容将帮助管理者解决这个问题。

我们来看一看下列情境。

情境一：

周一，经理请小张写一份报告，要求他周五完成。

到了周五上午，经理问小张报告完成得怎么样了，小张说还没有完成。

经理很不满意，问他为什么没有完成。

小张解释，他原本以为经理要求周五下班前完成报告，而且他遇到了一些很难处理的问题，需要经理的指导，但是经理前两天出差在外，联系不上，所以没有完成报告。

经理听后很生气地说："交代给你的任务，你应该提前完成。你不但没有提前完成，反而强调客观原因，既没有责任心，又没有执行力，不知道你整天都在忙什么！"

小张认为经理有点太不近情理了，又不敢反驳，只能低头听着。

情境二：

上级给下级布置了一项任务，下级正在处理。上级又布置了第二项任务，下级问："先完成第一项任务还是第二项任务？"

上级说："你自己权衡一下轻重缓急，不要什么都问我！"

下级根据自己的判断，先完成了第二项任务。过了两天，上级问第一项任务完成得怎么样了，下级说还没有开始。上级很不满意，问下级怎么回事，下级说先完成了第二项任务。

上级一边摇头，一边批评道："你也不是第一次接受任务了，连轻重缓急都分不清，不动脑子！"

下级心里很郁闷。

你是否遇到过类似的情况？应该如何避免上述情境中的问题呢？

很简单，你可以运用SMART（S，明确具体的；M，可衡量的；A，可实现的；R，相关联的；T，有时限的）原则，如图5-2所示。

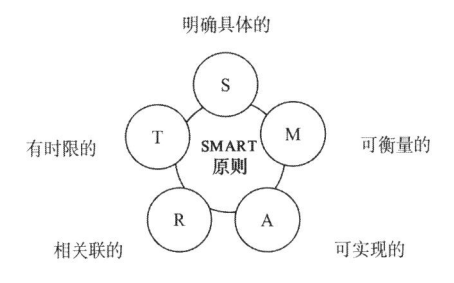

图 5-2 SMART 原则

需要注意的是，SMART原则在实际运用时很难落地，主要原因是其要素太多，我们在日常工作中很难逐一核对、明确所有要素。

不过，我强调的是抓住SMART原则的本质，并非要求上下级逐一核对SMART原则的所有要素，而是要求上下级把任务沟通清楚。

在沟通的过程中，很多人会忽视SMART原则，下级认为上级没有把任务说清楚，上级认为下级不负责任。

这究竟是谁的责任呢？

这是双方的责任！

在安排或接受任务时，上下级都应自觉运用SMART原则，确定清晰、明确、可完成的任务。

首先，上级应尽量将任务描述清楚。

其次，下级如果发现自己对任务的理解不够清晰，就应该主动与上级再次沟通确认，确保双方对任务的理解是清晰、一致的。

我的建议是，管理者应让SMART原则成为团队的工作习惯。

在SMART原则成为团队的工作习惯后，一旦出现任务不够清晰的情况，团队成员就可以重新界定任务，对任务模糊不清的理解也会消失殆尽，从而摆脱"员工不知道要做什么"的窘境。

管理者应运用SMART原则，让团队中的每一个成员从走进办公室的那一刻起，都能心中有目标、脚下有方向，头脑清晰地开展工作。

5.4 绩效辅导怎么做才有效

绩效辅导贯穿于绩效管理的整个过程。

管理者既可以在任务开始前辅导，预测问题，帮助员工少走弯路，也可以在完成任务的过程中辅导，帮助员工化解难题、实现目标，还可以在任务结束后辅导，帮助员工总结经验、获得成长。

只要有必要，管理者就可以对员工进行绩效辅导，帮助员工获得成长、提升绩效。

具体应该怎么做呢？

5.4.1 绩效辅导前的准备

既然绩效辅导很有必要，那么是否意味着管理者可以在任何时候对员工进行绩效辅导呢？

并非如此。

要想让绩效辅导更有效果，管理者需要在辅导前做一些准备，主要包括以下3个方面。

第一，留意员工需要辅导的信号。

员工通常不会直接对管理者说"我需要辅导"，不过，管理者可以从员工的言谈举止中发现一些信号，如小张最近虽然经常加班加点，但是依然无法按时完成工作；小李对分配给他的任务推三阻四，总说没时间；小刘在做项目时有很多抱怨和牢骚，态度消极。

当管理者发现影响绩效的信号时，无论是能力问题还是心态问题，都需要对员工进行辅导。

当然，管理者无法及时发现员工需要辅导的所有信号，可以采用更实际的方法，即规定汇报的时间，尽量让员工在汇报工作进展的时候暴露问题。

例如，我的团队在每周一早晨开例会，例会上有一个固定环节，我会询问每一名员工手头上的项目进展如何，分析项目是否按照预期进行、是否遇到问题，以及对应的解决办法是什么。

通过对项目进展的分析，管理者也可以发现员工需要辅导的信号。

第二，评估立即辅导的必要性。

如何评估有没有必要立即辅导呢？管理者可以思考以下两个问题。

一是员工是否愿意接受辅导。

如果答案是肯定的，辅导的成功率就比较高，否则成功率比较低。

有些员工不愿意接受辅导，他们喜欢独立完成任务，不希望上级过问。即使出了问题，他们也习惯自己解决，而不是让上级介入。如果上级插手，那么他们很可能情绪失落，甚至产生抵触心理，消极怠工。

对于这些员工，立即辅导不是一个很好的选择，管理者不妨放手让他们做，并暗示他们如果需要帮助，可以随时来找自己。

这样既体现了管理者的支持，也没有介入员工的工作。

二是能否通过辅导马上解决问题。

辅导的本质是为员工提供支持，帮助员工更好地实现绩效目标。在某些情况下，员工需要的支持并不是辅导或让管理者指点他们怎么做，员工需要支持的原因可能是缺乏资源、过于疲倦或客观条件不成熟。

切记，管理者支持员工的方式有很多种，如心理支持（给员工打气、信任他们）或资源支持（要人给人、要钱给钱），辅导只是众多方式中的一种。一看到问题就总想说员工两句、总想让员工按照自己的方式做事的管理者，很有可能犯好为人师的错误。

此外，在某些情况下，辅导不能马上解决问题，如某员工的视频编辑能力不足以胜任某个项目，一次辅导不可能让该员工立即从新手变成高手。此时，最好的解决方式不是对该员工进行辅导，而是抓紧时间更换一个更合适的员工。

第三，让员工做好接受辅导的准备。

在辅导前，管理者可以询问员工以下 3 个问题，让员工对自己的工作进行自我评估。

你的任务完成到什么程度了？

你是否已经竭尽全力？

是什么阻碍了你完成任务？你希望从我这里得到哪些支持？

询问这些问题的作用是让员工在接受辅导前做好心理准备，提升辅导效果。

本节介绍了绩效辅导前的准备，包括如表 5-1 所示的 3 个方面。

表 5-1 绩效辅导前的准备

方面	具体内容
留意员工需要辅导的信号	员工是否出现能力问题、态度问题等影响绩效的信号
评估立即辅导的必要性	✓ 员工是否愿意接受辅导； ✓ 能否通过辅导马上解决问题
让员工做好接受辅导的准备	先让员工对自己的工作进行自我评估，再辅导员工

5.4.2 绩效辅导的 3 种方式

绩效辅导的 3 种方式分别是指示型辅导、支持型辅导和混合型辅导。

第一种，指示型辅导。

指示型辅导指的是直接指示或告知员工应该怎么做，通过"我讲你听""我说你做"或直接给出解决问题的答案等方式，指导员工完成任务。

这种辅导方式适合能力较差的员工,以及虽然平时能力不错,但是在某些方面能力不足的员工。

管理者可以通过指示型辅导直接告知员工解决问题的答案,帮助员工少走弯路,快速解决问题。

第二种,支持型辅导。

支持型辅导不直接告知员工解决问题的答案,而是让管理者作为引导者,启发员工自己找到答案。

这种辅导方式能够激发员工的潜能,帮助员工树立信心,从而更快地获得成长,适合能力较强或有潜力的员工。其核心在于帮助、引导,而不是指示、告知。

我的团队里曾经有一名自尊心很强的员工,他无法接受其他人直接提出的意见。

一开始,我不太了解他,让他按照我的步骤工作。他做得很糟糕,而且产生了明显的消极、抵触情绪。

后来,我换了一种方式,不告诉他应该怎么做,而是告诉他我想要什么样的结果,并询问他怎样才能得到我想要的结果。也就是说,我把问题抛给了他,而不是给他答案。

结果,他不但在工作时更有动力,而且往往能够顺利完成工作。

目前很流行的 GROW 教练式辅导模型便属于支持型辅导。

"GROW"表示帮助员工成长，这4个字母分别是以下4个英文单词的首字母。

Goal（目标）：你的目标是什么？

Reality（现状）：现状是什么样的？现状和目标的差距体现在哪些地方？

Options（解决方案）：你可以想到的解决方案有哪些？还有没有更好的解决方案？

Will（意愿）：你有切实的行动吗？你实施解决方案的意愿如何？

运用GROW教练式辅导模型的关键在于，管理者既不能直接告诉员工如何完成任务，也不能代替员工完成任务，而是通过上述4个方面的问题，引导员工自己想清楚应该怎么做。

管理者具体可以询问哪些问题呢？

GROW教练式辅导模型的典型问题和目的如表5-2所示。

表5-2 GROW教练式辅导模型的典型问题和目的

维度	典型问题	目的
目标	✓ 你的目标是什么？ ✓ 这是你的真实目标吗？ ✓ 实现目标的标志是什么？ ✓ 如果需要量化目标，你会如何量化你的目标	帮助员工找到目标

续表

维度	典型问题	目的
现状	✓ 现状是什么样的，存在哪些问题？ ✓ 现状和目标的差距体现在哪些地方？ ✓ 当不能实现目标的时候，你有什么感觉？ ✓ 和你相关的不能实现目标的原因有哪些	帮助员工厘清现状，找到问题所在
解决方案	✓ 为了改变现状，你有哪些解决方案？ ✓ 还有没有更好的解决方案？ ✓ 你认为哪一种解决方案是最有可能成功的	帮助员工厘清思路，找到切实可行的解决方案
意愿	✓ 从1%到100%，你觉得你采取行动的意愿有多强烈？ ✓ 调整哪个指标可以增强你采取行动的意愿？ ✓ 你可能遇到的障碍是什么？ ✓ 你需要哪些支持	确保员工将解决方案落实在行动中

在进行支持型辅导的时候，管理者不妨借鉴GROW教练式辅导模型。这样不仅能帮助员工厘清思路，还不会把员工的工作变成管理者的工作，确保管理者只是辅导，而不是代替员工工作。

第三种，混合型辅导。

混合型辅导融合了指示型辅导和支持型辅导。

在大多数时候，完整的辅导过程不是单纯的指示型辅导或支持型辅导，而是这两种辅导方式的融合。

例如，当进行支持型辅导的时候，在某些情况下，管理者可能需要直接告诉员工一些苦思冥想却想不出来的答案。

当进行指示型辅导的时候,管理者可以对员工擅长解决的某些问题给予提示和启发,让员工自己找到问题的答案。

复盘这一常见的辅导方式就属于混合型辅导,它既包含指示型辅导,也包含支持型辅导。

什么是复盘?

它本是一个围棋术语,指的是在下完一盘棋后,双方一步一步地回顾棋局,找到下得好的地方和下得不好的地方,巩固下得好的地方,改进下得不好的地方,从而获得进步和提升。

在组织管理中,管理者可以在项目结束后召集员工进行复盘,具体包括以下4个步骤。

第一步,以时间轴为单位展现事项,即以时间轴为单位,把员工完成的所有事项(尤其是关键事项)都罗列出来。

第二步,寻找哪里出了问题,分析第一步罗列的事项,寻找有问题的地方。

第三步,回顾当时的情况,分析和讨论员工怎么做会更好,以及在当时的情况下,哪些是员工做得比较好的、应该继续保持的地方。

第四步,总结经验。虽然过去的项目不能重来,但是团队可以总结经验,从特殊现象中提炼一般规律,为类似项目提供改进的依据。

如表5-3所示,本节介绍了绩效辅导的3种方式,分别是指示型辅导、支持型辅导和混合型辅导，此外还重点说明了GROW教练式辅导模型和用于总结经验的复盘。

表 5-3 绩效辅导的 3 种方式

方式	具体做法
指示型辅导	直接指示或告知员工应该怎么做
支持型辅导	✓ 启发员工自己找到答案； ✓ GROW 教练式辅导模型
混合型辅导	✓ 既包含指示型辅导，也包含支持型辅导； ✓ 复盘可用于总结经验

需要补充说明的是，绩效辅导没有固定的模式，上述 3 种辅导方式不是非此即彼的，在很多时候，绩效辅导是多种辅导方式的融合。

新任管理者缺乏经验，可以参考上述 3 种辅导方式。成熟管理者不必拘泥于某一种特定的辅导方式，关键是要有帮助员工成长的决心。

5.4.3 注意区分辅导者和评估者的角色

在绩效管理中，管理者身兼两个角色：一个是评估者，负责评估员工的绩效；另一个是辅导者，负责辅导员工，帮助员工获得成长和进步。

在实际工作中，管理者的双重角色可能造成一种尴尬的局面：管理者本来想辅导员工，结果在辅导的过程中发现员工的问题越来越多，忍不住批评员工，把绩效辅导变成了批评大会。

管理者自以为苦口婆心，员工却满腹委屈，自然无法真正起到改进的作用。

这个剧情是不是很熟悉？

就像有的家长辅导孩子做作业一样，一开始和和气气、氛围融洽，最后却吵吵闹闹、两败俱伤。

要想区分辅导者和评估者的角色，管理者可以采用以下方法，避免无意中落入陷阱。

首先，在工作时间分开进行辅导和评估。

例如，如果周三下午是辅导时间，管理者就只做关于辅导的事情，聚焦于如何提升和改进，不对结果进行评价，不要批评员工"怎么做得这么差"，而要聚焦于员工"怎么做才能做得更好"。

其次，在辅导前向员工承诺，让员工放心。

在辅导前，管理者应该向员工承诺，关于错误和问题的坦诚交流不会影响员工的绩效考核结果。这样做的好处是避免员工因害怕暴露问题、影响绩效考核结果而故意隐瞒。

在做主管初期，我曾经在很多次辅导时陷入与员工的争执之中，原因是我发现了员工存在的问题，在刚开始辅导的时候，员工却不承认自己存在那些问题。于是我想尽办法证明员工确实存在那些问题，员工则想尽办法证明那些不是他们的问题。

就这样，双方陷入无谓的争执之中。我早已忘了我的目的是帮助员工提高，而不是证明员工犯了多少错。

后来，我意识到了这个问题，在辅导前会向员工强调"这次会谈的主题是辅导，而不是考核"，尽可能让他们放松戒备，辅导也顺利了很多。

有的管理者可能有疑问：辅导是不是一定要亲力亲为呢？

不一定。

术业有专攻，管理者可以让有经验的老员工或其他部门的专家对新员工进行个性化辅导。

有一年，我的团队里一下子来了3个应届毕业生，他们非常需要辅导，而且愿意接受辅导。

因为我没有太多精力辅导他们，所以我专门给他们安排了一个师傅（我的团队里的老员工），平时主要由师傅辅导他们。双方互相学习，不仅新员工获得了进步，老员工也在辅导、帮助新员工的过程中锻炼了带人的能力。

值得提醒的是，在辅导时，管理者切忌犯一些低级错误，如动不动就发表长篇大论，不了解员工的个人想法，或者在辅导过程中大发雷霆。

我相信，只要管理者有帮助员工成长的决心，并避免一些低级错误，绩效辅导就会成为对管理工作非常有用的法宝。

5.5 绩效考核

绩效考核既是绩效管理中存在感最高的环节，也是所有人最关心的环节。

管理者要根据绩效考核结果评优，员工要根据绩效考核结果了解自己的工作情况，并预测自己能拿多少奖金。对员工而言，如果绩效得分高，当然是一件开心的事情；若绩效得分低于预期，则难免心生不满。

管理者应该怎么进行绩效考核呢？

5.5.1　谁应该得 A 类绩效

于经理是人力部门的主管，他有 7 名下属。

作为人力部门的主管，于经理负责对下属进行绩效管理。按照公司的要求，他每个月都要向上级提交所有下属的绩效得分。根据绩效得分，每个人的绩效奖金有所不同，年底发放的年终奖也会参考平日的绩效得分。由于关乎收入，因此每个人都很重视自己的绩效得分。

因为大家平时的工作难以量化，而且于经理希望大家能够团结起来，所以他在绩效考核时经常采取"平均主义"的做法，A 类绩效的分配通常是"轮流坐庄"，这个月是小张，下个月是小李，下下个月是小杨。

这样做的结果是，大家虽然表面上相安无事，实际上都不太满意，如小张觉得自己是干活最多、业务能力最强的人，却要和其他人一起"吃大锅饭"，这样不公平。

今年，于经理听取了大家的意见，对绩效考核进行了改革，同意把 A 类绩效分配给最优秀的人。

这样一来，连续 3 个月都是小张得 A 类绩效。小张满意了，其他人却没有工作劲头了。他们觉得无论工作做得怎么样，A 类绩效都是小张的，自己即使再努力，也只能是 B 类绩效或 C 类绩效，不如听天由命。

于经理搞不明白，"轮流坐庄"不行，奖励最优秀者也不行，究竟应该怎样进行绩效考核呢？

"吃大锅饭""轮流坐庄"，以及永远把最好／最差的绩效给某几个人，都是绩效考核的常见误区，都背离了绩效管理的根本目标。

要想解答于经理的问题，我们需要回到起点，想一想绩效管理的根本目标是什么。

两个字——提升！

对于管理者来说，哪一名员工得 A 类绩效并不重要，管理者不用太在乎谁的奖金多、谁的奖金少，重要的是如何通过分配 A 类绩效来促进团队绩效的持续提升，这才是绩效管理的根本目标。

基于此，管理者应该如何分配 A 类绩效呢？

答案是根据工作任务的变动设定关键考核指标。

例如,在当前阶段,于经理所在部门的重点工作是负责公司的秋季招聘,这个阶段的绩效考核可以把秋季招聘工作当成最关键的指标。

到了下一个阶段,筹备年会可能是最重要的事情,于经理可以把年会筹备工作当成最关键的指标。

招聘工作做得好的员工不一定是年会筹备工作做得最出色的员工。这样,A类绩效自然会属于不同的员工。

这样做有两个好处:首先,管理者可以通过绩效考核鼓励员工做最重要的事情;其次,这样可以最大限度地发挥每一名员工的长处和优势,让每一名员工都能看到得A类绩效的希望,从而激发团队的活力。

除了根据工作任务的变动设定关键考核指标,管理者还可以更进一步,因人而异地设定考核指标。

例如,新员工即使再努力,通常也很难达到老员工的绩效。管理者可以在绩效之外,把进步、勤奋等指标作为新员工的主要考核指标。

也就是说,张三的指标不必与李四一样,管理者可以因人而异地设定考核指标。销售团队中也是如此,销售新手的指标不应和销售老手的指标一模一样。

总结一下,绩效管理的根本目标是提升绩效。在该目标的指引下,管理者可以通过设定考核指标来指引员工的工作方向和重心。这样既可以解决谁应该得 A 类绩效的问题，也可以让团队在总体上始终处于提升绩效的状态。

5.5.2　怎么让所有人都满意自己的绩效得分

管理者之所以对绩效得分感到纠结，很多时候是担心有人会对绩效得分不满意，影响团队和谐。

曾经的我很不喜欢和员工进行绩效面谈，尤其是和低绩效员工谈绩效问题。一方面，我担心他们对自己的绩效得分不满意，进而对我这个主管不满；另一方面，我担心他们不服气，认为自己应该获得更高的得分，我却给了低分，那样我就要好好解释一番了。

应该如何解决这个难题呢？

之所以出现这个难题，主要是因为以下两个漏洞。

第一，在打分前，管理者没有和员工就考核标准进行详细沟通，导致员工对考核标准不明不白。

对于关键绩效指标（KPI），管理者应尽可能将其设定清楚。

例如，在我的团队为设计师设定的 KPI 中，除了产量，还有 3 个指标，分别是艺术性、成长性和工作态度。

这些指标的权重不是固定的，如果近期产量压力大，产量指标的权重就会提升；对于需要快速进步的新员工，成长性指标的权重更高。

有了清晰的考核标准，绩效打分就会容易很多，员工只要一对照考核标准，基本上就心知肚明了，减少了很多麻烦。

第二，管理者只在年终进行绩效打分。

有的管理者平时不考核，到了年底，突然告知员工考核结果不达标，员工当然难以理解和接受。

有的管理者月度考核的打分并不低，到了年底，综合一整年的绩效得分，却给了员工差评。

我还遇见过更"奇葩"的情况，主管突然对员工说："你无法胜任工作，我要解雇你。"

员工很惊讶，询问主管："我每个月的绩效得分不是你打的吗？不都是'合格'吗？怎么突然说我无法胜任工作呢？"

原来，主管早就认为该员工无法胜任工作，想解雇他，绩效打分只是例行公事，几乎所有人每个月的绩效得分都是"合格"。

无论是上述哪一种情况，都会给员工带来"惊吓"，导致员工难以理解绩效得分的依据。

如何避免上述情况呢？

很简单，管理者要做到前后一致。

首先，管理者每个月都要公布绩效考核结果，并让员工知悉、理解。

其次，年度绩效考核结果要和月度绩效考核结果基本一致，不要平时"你好我也好"，到了和年终奖挂钩的时候突然对员工说"你其实很差，只是我平时不忍心告诉你"。

此外，避免上述情况的关键不是与员工争辩、让员工心服口服，而是在平时堵上这两个漏洞。管理者不仅要做好铺垫工作，让绩效打分变成一件水到渠成、理所当然的事情，更重要的是，月度绩效考核要及时帮助员工发现不足，给员工及时改进的机会。

时刻关注员工是管理者进行绩效管理的正确态度。

5.6 反馈是员工持续提升的法宝

在组织管理中，反馈指的是管理者对员工的表现给予回应，通俗地理解，就是当员工表现得好的时候给予肯定，当员工有不足的时候引导员工改进。反馈是管理者的日常工作之一。

为什么反馈很重要？

因为通过反馈，管理者不仅可以确认员工过去的工作成果，还可以指导员工未来的工作方向。

反馈既能指引员工把事情做对、做好，提升绩效，又是一种有效的激励手段，能够激励员工更加积极地工作。

相反，如果管理者不反馈，那么员工无论做了什么都会觉得心里没底，认为无论自己做得是好还是坏，管理者都不在意。长此以往，不仅会打击员工的工作热情，还很可能令员工迷失方向。

反馈如此重要，优秀管理者应该将反馈视为日常管理工作的重要内容。

5.6.1 对反馈的常见误解

有些管理者之所以没做好反馈,是因为对反馈存在误解。

误解一:只要有回应就是反馈。

比较典型的场景是,当员工做完一件事情来汇报的时候,管理者只说一声"知道了"或默不作声。

这种回应不是真正的反馈,它会给员工一种模棱两可的感觉,使其怀疑自己是否真的做对了。

员工带着自我怀疑的心理开展工作,很有可能把曾经做对的地方做错。

误解二:把绩效考核等同于绩效反馈。

不少管理者以为,只要把绩效考核结果告知员工就可以了,员工只要看到结果就知道该怎么改正了。

事实上,大多数员工往往是一头雾水,他们根本不清楚自己为什么会得到这样的绩效考核结果,更不知道怎么做才能获得更好的结果。

考核、评估不能代替反馈、沟通,在员工看到绩效考核结果后,管理者不仅要让员工"知其然",还要让他们"知其所以然"。

此外,绩效考核和绩效反馈还有一个非常大的区别,那就是频率不同。

绩效考核的频率一般是固定的,如月度考核、季度考核、年度考核等。

绩效反馈的频率不固定，它可以是随时随地的。我建议管理者最好及时反馈，既不要等到问题无法解决时再反馈，也不要等到绩效考核后再反馈。

管理者对员工的每一项任务、每一件事情都应当有反馈，不要让员工产生模棱两可的感觉。

误解三：反馈就是批评。

一些管理者认为反馈就是指出员工的问题，担心这样会影响自己和员工之间的关系，所以回避反馈。

事实上，反馈的类型有两种：一种是强化型反馈，另一种是改进型反馈。

强化型反馈也被称为正面反馈，指的是对员工做得好的地方进行肯定和认可，强化员工的相关行为。

改进型反馈也被称为负面反馈，指的是帮助员工发现不足，指导其改进、提升。

改进型反馈不局限于批评，更不是责骂。如果运用得当，它对员工的改进、提升是非常有效的。

善于培养员工的管理者应该明白，员工犯错的时候，恰恰是其进步和提升的良机。

具体怎么进行强化型反馈和改进型反馈更有效呢？

接下来我会逐一介绍。

5.6.2 你会表扬吗？强化型反馈的关注点是行为

强化型反馈是在员工做得对、做得好的时候给予的反馈，可以被简单地理解为表扬、肯定。

之所以叫作强化型反馈，是因为它强调对结果有积极影响的行为，并鼓励员工重复这些行为。

例如，经理对小张反馈："小张，看得出你真的用心写这份报告了，没有像之前那样应付了事。"

经理的强化型反馈肯定了小张用心写报告的行为，目的是鼓励小张以后要用心写报告，不应付了事。

具体应该怎么进行强化型反馈呢？只要表扬、夸奖就行了吗？

不完全是这样。

如果管理者很开心地对员工说"你做得很不错"，那么，即使只是这样一句很简单的话，员工也能感受到自己的工作得到了认可。

需要注意的是，表扬的前提是员工确实做出了值得鼓励的行为。

如果员工没有把事情做好，管理者还表扬"你其实很棒"，是起不到任何正面作用的。

直接表扬、肯定是最简单的反馈，可以直截了当地表明管理者的态度，远比"知道了""放那儿吧""嗯"等模棱两可的反馈效果更好。

不过，员工有时候并不清楚自己究竟哪里做得好。此外，"很棒""谢谢""辛苦了"等反馈也起不到太大的表扬作用。

在必要时，管理者的反馈可以更进一步，在给予肯定、赞扬的同时说明原因。

例如，下属向上级汇报工作情况，上级反馈"很好"。虽然这的确是表扬，但是还不够。

如果上级进一步反馈"我正等着这件事情的进展，你就及时告诉我了，做得好"，下属就会明白上级赞扬的是自己及时汇报的行为，以后就会强化这种行为。

又如，小杨又快又好地完成了你交代的任务，你的第一反应是立即点赞："你太棒了。"

这样说没问题。不过，如果你希望小杨把不拖延的习惯保持下去，那么可以继续对小杨说："你只用两天就完成了这项任务，一点都没有拖延，太棒了！"

这样说的指向性非常明确，小杨也会很清楚接下来应该怎么做。

强化型反馈可以强化员工的正面行为，它具有无可替代的作用。当员工做对一件事情的时候，如果管理者能及时肯定，就能帮助员工巩固正确的行为。

强化型反馈的原理是通用的，它不仅适用于组织管理，在家庭教育中，家长也能用这种方法帮助孩子逐渐养成正确的行为习惯，如"爸爸今天没有提醒你，你就主动完成了作业，祝贺你！

这是非常优秀的习惯"。

总的来看,强化型反馈的关键点有以下两个。第一,管理者要及时发现员工值得鼓励的行为,即使这些行为很小,也要发现并鼓励它们,这样员工才能强化正确行为,并在类似的情境中重复它们。

第二,管理者要关注行为和过程,让员工明白你为什么表扬他们,这样对强化员工的正确行为更有效果。

5.6.3　改进型反馈:当员工做错的时候,怎么说更好

改进型反馈是在员工做错的时候给予的反馈,通常被理解为批评。

例如,小张提交的稿子质量很差,管理者可以反馈"你提交的稿子有很多问题"。

之所以叫作改进型反馈,是因为犯错误也是改进的机会,通过反馈,员工可以发现不足、及时改进。

改进型反馈难度不低,因为管理者往往担心指出问题会影响自己和员工之间的关系,担心把话说重了会打击员工的积极性和自信心,反而不能起到改进的作用,或者员工没有认识到自己的错误,无论管理者怎么说,员工都不认同,这样也起不到改进的作用。

遇到类似的情况怎么办?别担心,接下来我会介绍两个反馈模型,分别是 BIC 模型和 IIY 模型。

第一个是 BIC 模型。

"BIC"的含义是行为影响后果，通俗地说，就是把员工的行为产生的影响和可能造成的后果反馈给员工。

我以小张连续多次在开会时迟到为例，解释一下这个模型。该模型包括 3 个步骤，如图 5-3 所示。

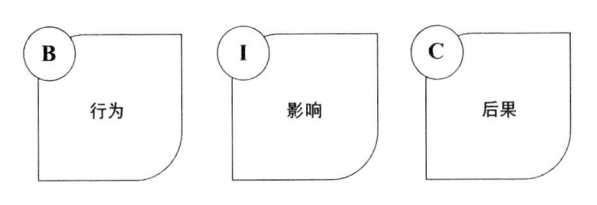

```
   B           I           C
  行为         影响         后果
```

图 5-3　BIC 模型的 3 个步骤

第一步，B（行为）。

行为指的是具体的事实。管理者一定要用事实说话，如"小张，你这周在开会时迟到了 3 次"，这句话是事实。

有些管理者会说"小张，你经常迟到"，这句话是观点，很容易引起对方的抵触情绪，导致双方陷入无谓的争论。

在这一步，管理者需要区分事实和观点，只讲事实，不提观点。

第二步，I（影响）。

影响指的是已发生的行为产生的影响。

有时候，员工并不清楚自己的错误会带来怎样的负面影响，管理者需要告知对方，如"小张，你在会议开始后才进入会场，这会影响会议的正常流程,你也会错过会议内容"。

第三步,C(后果)。

后果指的是在告知影响的基础上,强调员工长期、持续做出某种行为会导致的负面结果。

管理者需要进一步告诉员工某种行为会导致的后果,让员工充分认识到错误的严重性,如"小张,如果你不改正,一方面,你会逐渐脱离团队,另一方面,同事对你的印象会越来越差,觉得你是一个不可靠的人"。

管理者使用 BIC 模型的目的是让员工认识到自己的问题,心平气和地接受管理者的反馈,并及时改进,避免员工产生不认同的抵触情绪。

第二个是 IIY 模型。

I(I See):我看到的事实。

I(I Feel):我基于事实的看法。

Y(You Think):你的想法。

仍以小张连续多次在开会时迟到为例,使用 IIY 模型反馈的话术可能是下面这样的。

I:小张,我注意到你这周在开会时迟到了 3 次……

I:我认为你需要改正这样的行为,因为……

Y:你怎么看待这个问题呢?

与 BIC 模型相比，IIY 模型侧重客观问题导致的后果，有助于员工客观认识自己的错误。同时，IIY 模型更注重管理者的看法，有助于员工了解管理者的想法。

当员工犯错误的时候，管理者既可以选择上述两个模型中的任意一个模型，也可以把二者结合起来，帮助员工认识到自己的错误。

5.6.4 综合型反馈：绩效面谈 3 步法

口头的肯定或否定通常用于即时性反馈。

在现实的管理工作中，比较正式的综合型反馈也是必不可少的，如定期的绩效面谈。

综合型反馈具有以下特点。

正式性：管理者需要和员工进行正式的一对一面谈，持续时间通常在半小时以上。

重要性：它对员工的改进、提升具有较大的意义。

复杂性：管理者既要鼓励、肯定员工，也要指出员工的不足，它是强化型反馈和改进型反馈的融合。

因为综合型反馈具有以上特点，所以管理者需要避免"跟着感觉走"或随意发挥。此时，借助工具和流程是非常有必要的。

接下来我会介绍绩效面谈 3 步法（又称 PCA 反馈流程），如图 5-4 所示，管理者可以借鉴、参考。

```
┌──────┐    ┌──────┐    ┌──────┐
│ P    │    │ C    │    │ A    │
│      │    │      │    │      │
│ 准备 │    │ 谈话 │    │ 行动 │
└──────┘    └──────┘    └──────┘
```

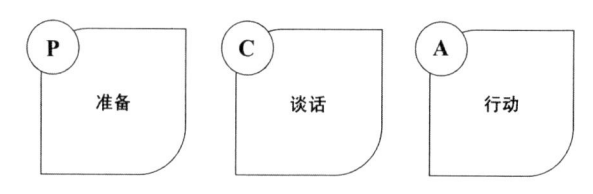

图 5-4　绩效面谈 3 步法

第一步，P（准备）。

管理者在反馈前要做好准备，尤其要搜集相关行为，找出员工做得好的地方和做得不好的地方。

管理者千万不能只挑毛病，即使员工搞砸了某件事情，管理者也应该适当地找出员工做得好的地方。

员工在搞砸了某件事情的时候，即使已经认识到自己错了，头脑可能还是发蒙的。此时，管理者的批评、否定已经没有意义了，最多是宣泄情绪，对员工的提升、改进没有任何帮助。

管理者可以以帮助员工改进为目标，找出 2~3 个非常具体的、员工做得好的地方。这样不仅可以帮助员工巩固已有的正确行为，还可以让员工重新树立信心。

在参加工作一年多后，我第一次做竞标方案。我很重视那个机会，加班加点了一周。结果在竞标现场，我的方案被客户完全否定了。

我心灰意懒，觉得糟透了。

在回公司的出租车上，我和同事相顾无言，我甚至不记得自己是怎么回去的。

第二天，领导找我谈话。我害怕极了，以为自己会被领导批评一顿。

然而，领导并没有批评我，而是对我说："你发现了吗？虽然你的方案没有通过，但是还是有很多优点的，如PPT做得很好看、格式上没有任何错误、引用了一些数字，还有自己的想法和创意，这些都很难能可贵。"

领导继续说："当然，你的方案也有一些不足。我们来分析分析，看看改变哪些地方能增加胜算……"

接下来，领导和我聊了大概一小时，不仅让我知道了自己哪些地方做得好、哪些地方应该怎么改进，还增强了我的自信心。

走出会谈室，我心里想的不再是"我真是糟透了"，而是"原来只要改变这些地方，我的方案就能变得更好"。

第二步，C（谈话）。

管理者需要和员工谈话，对员工做得好的地方和做得不好的地方进行反馈，让员工知道哪些地方可以继续保持、哪些地方应该改进。

谈话的方式可以借鉴上文介绍的BIC模型和IIY模型。

第三步，A（行动）。

要想让绩效面谈真正发挥作用，就不应该局限于口头，而应该落实在行动中，结合双方达成的共识，制订行动改进计划。

为了真正落实行动改进计划，我建议以员工为主来制订计划，而不是管理者要求员工怎么做。

管理者可以询问员工"为了实现目标，你接下来打算怎么做"，在员工思考和回答这个问题的过程中，管理者可以提出自己的建议和看法，使行动改进计划更具可操作性。

5.7 本章小结

请读者回顾本章的管理案例，并解决其中的问题。

结合本章的内容，我们来解答一下杨经理的困惑。

第一，在认知上，杨启明应明确绩效管理的根本目标是提升。

对杨启明而言，绩效管理应该帮助新员工快速胜任工作岗位、帮助老员工不断长进、帮助团队产能获得提升，激励大家参与需要重点支持的外部项目。

第二，在绩效管理的目标设定环节，杨启明可以将团队目标与员工的个人目标结合起来，激发员工的积极性。

例如，新员工刘新的个人目标是快速成长，杨启明可以多给他安排有助于快速胜任工作岗位的任务。

对于有提升需求的老员工李丽，杨启明可以适当安排一些富有挑战性的工作任务，为她提供进一步提升的平台。

第三，杨启明应注重辅导和反馈。

要想做好绩效管理，管理者不能把任务布置完就不管不顾了，而要根据情况进行适当的辅导，尤其是新员工，管理者的辅导对他们完成任务、获得成长具有重大的作用。

反馈也是必不可少的。管理者要在日常工作中养成及时反馈的习惯，当遇到重大任务或需要进行绩效面谈时，更应该对员工进行反馈，与员工一起确认他们的进步，并探讨下一步的发展和改进方向。

值得提醒的是，在实践中，反馈和辅导往往是交织在一起的，二者相辅相成，"你中有我，我中有你"。辅导包含了反馈，反馈也包含了辅导，它们的目的都是让员工获得成长，管理者千万不能把二者割裂开。

第四，绩效考核的目标要与绩效管理的根本目标保持一致。

如果绩效管理的根本目标是提升，绩效考核的目标就不能只是打个分而已，而应该是促进提升。

例如，外部项目的难度比较高，愿意主动参与的员工比较少。杨启明可以在绩效考核上有所倾斜，以便让参与外部项目的员工更容易做出业绩。

又如，在刺激产能提升的问题上，杨启明可以调整绩效考核的方法，如把产能与绩效工资挂钩。

假设 1 个动画师原本每个月只能完成 3 个样片。杨启明可以将这个数量作为基准，若员工每个月完成了 4 个样片，则可以获得 1.2 倍的绩效工资；若员工每个月只完成了 2 个样片，则只能获得 0.8 倍的绩效工资。

通过这种方法，杨启明可以把产能与绩效工资挂钩，使绩效考核的目标与绩效管理的根本目标保持一致，刺激员工提升产能的意愿。

通过转变认知和一系列绩效管理工作，我相信杨启明可以让整个团队沿着"绩效产出有提升，员工发展有进步"的方向前进。杨启明的"脱困路径"如图 5-5 所示。

设定目标
✓ 目标清晰
✓ 团队目标与员工的个人目标相结合

绩效考核
为绩效提升服务

结果
绩效产出有提升，员工发展有进步

转变认知
绩效管理的根本目标是提升

辅导和反馈
✓ 适度辅导
✓ 养成及时反馈的习惯
✓ 帮助员工成长

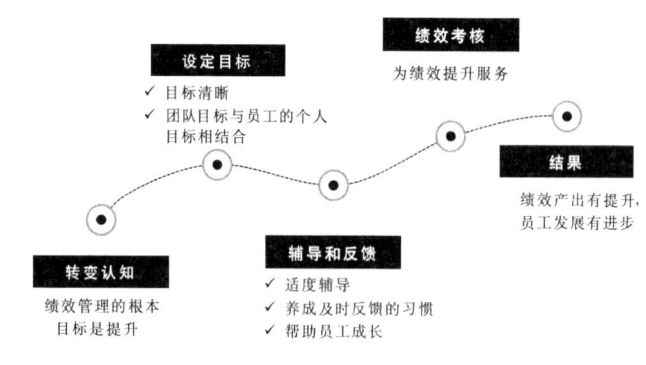

图 5-5　杨启明的"脱困路径"

第 6 章　懂得激励，让员工从被动变为主动

不知道激发员工的工作热情、让他们主动工作，只知道监管员工，这是平庸管理者最典型的错误之一。

6.1　员工不爱工作怎么办

杨经理管理着公司的培训团队。有一天，他看到丽丽在办公桌前没精打采地整理资料，便想给她安排点事情。

杨经理对丽丽说："丽丽，你看看这段时间能否帮我研究一下行动学习，之后向我汇报。对了，设计管理部的同事要的培训方案上周已经给他们了，你帮我跟进一下，让他们尽快反馈。"说完就转身离开了。

丽丽很纳闷，不知道杨经理为什么突然让自己研究行动学习，他所说的"研究"是什么意思？不让自己帮他整理资料，却让自己帮他跟进设计管理部的反馈，他为什么不跟进呢？

丽丽加入培训团队已经一年多了，她想做出成绩，但她觉得

杨经理根本不关心她的想法，总把一些看上去无关紧要的工作交给她，如整理资料、跟进反馈等。她上半年的绩效得分是 C，照这样下去，下半年的得分也好不到哪里去。

杨经理也有苦衷，他觉得丽丽好像无论做什么事情都提不起精神。他从同事口中得知丽丽家境优裕，猜想她可能不太在乎工作收入，每天一到下班时间，自己还在办公桌前忙碌，丽丽已经收拾东西准备走人了。

其实，团队中工作不积极的何止丽丽一个人。虽然有些人的积极性稍高一些，但是杨经理深知，他们只把自己所做的工作当成赚钱的工具，根本谈不上兴趣和热爱。平时基本上都是杨经理把事情安排好，大家才会做，如果他不安排，大家就很少主动找事情做。

杨经理连年假都不敢休，他担心自己一旦休假，员工就会整天无所事事地磨洋工。

如果你是杨经理，你会怎么做呢？

员工的工作积极性和主动性差，缺乏工作热情，只有在管理者的监督下才能工作……这些问题的原因往往是管理者没有激发员工内在的工作动力。

管理者应该如何激励员工呢？

本章将详细探讨这个问题。

6.2 激励的底层逻辑

本节将从激励的底层逻辑讲起，梳理激励的起源和组织管理中非常经典的激励理论。

只要理解了激励理论，管理者基本上就能看透所有激励技巧和激励方法。

6.2.1 激励的起源：人为什么要工作

要想回答这个问题，我们需要弄清楚激励的关键因素。

有人说工作是为了生存、养家，也有人说是为了实现理想，还有人说不工作能干什么，总不能闲着啥也不干。

这个问题的答案有很多，总结起来大概有两类，分别是物质需求和心理需求。

第一，物质需求。

工作是为了赚钱，这可能是最直接、最基础的答案。

虽然有些人不是为了钱而工作的，但是从普遍意义上看，赚钱是大多数人工作的主要原因，所以我们有时会看到，有人因为钱（可能只是一两千元的薪酬差距）而换一份工作。

对于这种很实际的需求，小团队管理者要了然于胸，不能刻意无视员工的物质需求，想尽办法克扣奖金、压低薪酬待遇，这样是无法留住人才的。

第二，心理需求。

人们可能因为钱而选择工作，却不会仅仅满足于获取物质报酬。

在物质需求之外，人们还需要从工作中获得心理上的满足感，得到价值上的认可与肯定，获得成就感。

当员工说出"如果不是因为钱，我才不会在这里工作"这句话，并不能说明他有一份好工作。

相反，这说明他对这份工作十分失望，除了收入，他感受不到其他的价值和工作的乐趣。

小团队管理者应避免上述情况，吸引员工的不应该仅仅是物质待遇，还应该是工作本身。

物质需求和心理需求是人之所以工作的两大关键因素，也是激励的起源，接下来要介绍的激励理论同样来源于此。

6.2.2 激励的原理："双因素理论"

6.2.1 节回答了"人为什么要工作"的问题。

本节要回答的问题是，当一个人参加工作之后，如何让他有动力地工作。

在物质需求和心理需求中，满足哪一种需求能够产生更好的激励效果呢？

长期以来，人们在对激励因素的认知上有一条深深的鸿沟，不同的看法形成了两个学派。

第一个学派认为金钱刺激是最主要的激励因素，他们相信，只要给钱，就能让其他人按照自己的意思办事。

有些家长也默认这一观点,他们认为物质奖励最有效,能够促使孩子按照他们的想法做事,如在孩子考得好时奖励孩子一些零花钱。

不过,这个观点并不准确,它无法解释一些非常明显的反常现象。

例如,很多非常善良、勤劳的人加入慈善机构,在常人想象不到的艰苦条件下工作,如灾后重建地区、饥荒国家等。

如果他们在企业工作,应该可以得到更多报酬。但他们选择了报酬非常少甚至没有报酬的工作,与此同时,人们很少听到慈善机构的管理者抱怨员工没有工作动力。

如果金钱不是他们工作的动力,那么他们工作的动力究竟是什么呢?

要想弄清楚这个问题,我们需要了解第二个学派,也就是提出"双因素理论"的学派,其代表人物是管理学家赫茨伯格。

赫茨伯格认为激励因素包括两类,分别是基础因素和动力因素,如图 6-1 所示。

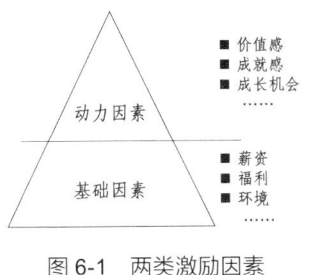

图 6-1 两类激励因素

基础因素也被称为保健因素，包括薪资、福利、环境等。

如果基础因素达不到员工的预期，员工就会产生不满情绪，甚至想放弃工作。

需要注意的是，即使基础因素得到了改善，也不能让员工爱上工作，只能让员工不讨厌工作。

真正让员工对工作非常满意甚至爱上工作的因素是什么呢？

答案是动力因素。

动力因素主要包括价值感、成就感、成长机会等，这些因素能够让员工发自内心地爱上工作。

赫茨伯格指出，如果动力因素起了作用，员工就会爱上工作，即使赚不到很多钱，员工也能从工作中获得乐趣和意义。

需要指出的是，薪资待遇、福利保障、公司政策等基础因素并不是可有可无的，相反，这些因素非常重要。

俗话说"重赏之下，必有勇夫"，指的就是基础因素起到的决定性作用。钱多自然有人来，钱少自然留不住人，这是实实在在的道理。

不过，要想让员工充满动力、充满热情地工作，管理者需要发挥动力因素的作用。

基础因素决定了员工能否接受某一份工作，动力因素决定了员工以怎样的状态开展工作。

基础因素决定了员工工作成效的下限，即最低绩效；动力因素决定了员工工作成效的上限，可以激发更多的可能性。

要想让员工更热情地投入工作之中，管理者的着力点应该是动力因素。

6.2.3 利用工作带来的满足感

赫茨伯格提出的"双因素理论"具有划时代的意义，它解释了为什么有些工作看上去又苦又累，从事这些工作的人却能甘之如饴。

因为他们能够从这些工作中获得成长机会、成就感和价值感，进而产生幸福和快乐的感觉。

管理者应该如何理解并在工作中运用动力因素呢？

第一，成长机会——给员工安排有挑战性的工作任务。

成长机会的意义是，如果一项工作任务能够让员工学到东西、获得成长，员工就会更有动力。

在安排工作任务的时候，管理者要让员工明白，这项工作任务是富有挑战性的，员工能够从中获得成长机会，为未来的发展打下基础。在激励年轻员工时，这种方式屡试不爽。

即使是经验丰富的老员工，通常也会对富有挑战性的工作任务跃跃欲试、充满动力。

注意，运用这个因素的关键是管理者要了解员工。如果管理者对员工不够了解，那么可以找他们谈一谈，了解他们的职业理想、目标和想法。

如果管理者能把员工要做的事情解读成与他们的成长相关的

事情，他们就会更有动力地接受工作任务。

第二，成就感——认可和肯定员工。

成就感的意义是，如果员工能够从工作中获得认可和肯定，员工就会更有动力。

需要注意的是，成就感通常来自外部，尤其是管理者的认可和肯定，会给员工带来极大的愉悦感和满足感。

相反，若员工完成了一件事，管理者却选择性忽视或不表态，则会打击员工的成就感，甚至影响他们的工作动力。

我曾有过两位很好的上级，他们都是专业能力很强且受下属爱戴的经理。然而，他们工作得并不开心，最终都在老板手下工作几年后委屈地离职了。

他们认为老板不善于肯定他人。虽然他们努力工作，获得了同事的好评，但是很少被老板表扬。自己已经尽力了，却得不到老板的认可，时间长了，心累了，便怀着委屈辞职了。

虽然管理者可以倡导员工做"自燃型"员工，也就是不需要管理者激励就能激情满满地工作的员工，但是在现实中，很少有员工能一直在管理者的忽视或否定中持续充满动力。

相反，在很多时候，只要管理者有一句肯定或表扬，员工就能感受到工作带来的成就感。

当员工做得好的时候，请不要吝啬你的肯定，一定要让他们获得本应从工作中获得的成就感。

第三，价值感——为工作赋予价值。

价值感的意义是，如果员工认识到自己的工作是有价值的，员工就会更有动力。

大多数员工希望自己的工作是有意义的，能够为组织或客户创造价值。

工作究竟有什么样的价值呢？

对于这个问题，管理者有责任解释清楚，并在安排工作的时候尽可能地让员工理解工作的价值。

工作的价值是金钱之外的东西。

举一个发生在我身上的例子。

我曾经受邀给一家公司培训如何开发微课，在培训结束后，我获得了高达9.6分的授课评分。然而，我在返程的飞机上不但开心不起来，反而觉得很累。

我在培训结束后得知，参加培训的学员只是听从上级的安排，他们根本用不到这项技能。也就是说，我的培训对他们没有用。

对我来说，"对客户没有用"意味着我的工作没有价值，所以我很受打击。

在开始工作之前，员工可能主要追求物质报酬。一旦把身心投入在工作之中，员工就会希望自己的劳动和付出能够创造价值。

讲师希望自己的课程对学员有价值；医生希望自己的治疗对病人有价值；房产中介人员在赚取佣金之余，也希望能获得客户的真诚认可。

成长机会、成就感和价值感能够从工作中获得，如果员工能够从工作中感受到它们，就会对工作抱有热情。

有时候，有些员工没有办法感受到它们，这就需要管理者出马了。

在与员工进行绩效面谈的时候，我喜欢问他们"你在什么时候觉得工作很有成就感"，和他们一起感受工作的吸引力。

这种方法对家长辅导孩子学习也是很有效的，家长可以询问孩子："你这次考试得了 A+，是不是觉得之前的努力都是值得的？"

在大多数时候，对于孩子来说，学习是任务；对于员工来说，工作也是任务。要想让他们更好地完成任务，家长、管理者需要让他们实实在在地从学习、工作中感受到成长的收获，并获得成就感和价值感。

总的来看，管理者可以通过一系列方法帮助员工感受到工作带来的满足感，从而激发员工的工作热情。动力因素的运用方法如表 6-1 所示。

表 6-1 动力因素的运用方法

动力因素	运用方法
成长机会	✓ 帮助员工发现成长机会； ✓ 将工作任务与员工的成长相结合
成就感	✓ 帮助员工发现自己取得的成就； ✓ 认可、肯定员工的工作成果和进步

续表

动力因素	运用方法
价值感	✓ 帮助员工体验工作的价值； ✓ 为工作赋予价值； ✓ 认可和肯定员工的价值

6.2.4 为什么不能指望员工对工作感兴趣

很多人听说过这样一句话："兴趣是最好的老师。"

在这句话的指引下，很多家长希望孩子对学习感兴趣、对弹钢琴感兴趣、对跳舞感兴趣、对画画感兴趣、对下棋感兴趣……

这些家长带着孩子把几乎所有的兴趣班都试了一遍，发现孩子好像都不感兴趣，总是过了一段时间就不愿意继续学了。

为什么会这样？

实际上，这些家长陷入了一个误区，误认为"兴趣"就是"喜欢"，到头来发现孩子最喜欢的还是玩耍、看动画片和玩手机。

如果要求一个人在某件事情上投入精力（如要求孩子在学习上投入精力、要求员工在工作上投入精力），那么，这个人即使对这件事情不感兴趣，也能投入精力。

根据"双因素理论"，最能激发动力的因素是内在的成就感和价值感。只有让人们通过学习某些技能产生这些感受，他们才能产生热爱。

如果只考虑"喜欢",那么几乎所有人都喜欢娱乐和玩耍,没有多少人喜欢学习或工作。

"兴趣"和"喜欢"的最大区别在于,"兴趣"是放松、娱乐,"喜欢"是在付出后有收获。

如何区分二者呢?

例如,我很喜欢看篮球赛,转播篮球赛的时间一般是工作日的上午。

如果我在某个工作日的上午看了篮球赛,没有工作,那么,即使看得很开心,我也会觉得有点虚度光阴,不会产生任何价值感和满足感。

如果我努力工作,并且取得了工作进展(如写出了一篇专业文章),那么这样的价值感和满足感是无法通过看篮球赛获得的。

这就是二者的区别。虽然我很喜欢看篮球赛,对此也很感兴趣,但是看篮球赛只是放松,不会产生价值感、成就感和满足感。

在同一段时间内,放弃喜欢看的篮球赛,写出一篇好文章,则可以让我产生这些感受。

无论是工作还是学习,只要有进展、有成果,就可以让付出时间和精力的参与者产生成就感、价值感,并对需要完成的任务抱有热情。

管理者、家长需要做的事情是肯定员工、孩子取得的进展和成果，帮助他们进一步确认获得的成就感和价值感，从而激发他们的内在动力。

6.3 小团队管理者可用的激励方法

6.2 节介绍了激励的底层逻辑。本节重点介绍激励方法，即在组织中如何借助各种资源达到激励的效果。

6.3.1 工资怎么加、奖金怎么分，才有激励效果

没有钱，怎么激励员工？

物质报酬很重要，大多数员工工作的首要目的是赚钱。

管理者不但不应该避讳和员工谈钱，反而应该把钱这种资源作为激励的手段。

根据"双因素理论"，薪资待遇属于基础因素，它不能增加员工的内在动力，只能减少员工的不满。

要想真正激发员工的内在动力，管理者需要改善动力因素，也就是让员工获得成长机会、成就感和价值感。

基于这个理论，在一些比较常见的情境中，小团队管理者可用的激励方法如下。

情境一：例行公事的加薪或奖金不能让员工更有动力。

小明在公司工作满一年了，公司把小明的月薪提高了 1000 元。在加薪之后，小明的工作动力和加薪之前相比并无明显变化。

这是为什么呢？

因为小明知道公司的调薪政策，员工每年的工资本来就有1000元左右的调薪幅度，所以小明觉得公司给自己加薪是例行公事，这是自己应得的。

相反，如果小明没有获得加薪或调薪幅度达不到他的预期，那么不但起不到激励效果，反而会引起小明的不满。

不只有例行公事的加薪，还有例行公事的奖金。例如，年终奖通常也很难起到激励效果，如果不发或发少了，反而会引起员工的不满，因为员工觉得年终奖是自己应得的。也就是说，它属于激励因素中的基础因素，不是动力因素。

情境二：钱只是手段，管理者需要对其进行解读。

小明的上级张经理从给小明加薪的事情中吸取了教训，在给另一名员工小红加薪时，他采用了不同的策略。

张经理和小红进行了谈话，表扬小红在过去的一年里取得了很大的进步，先肯定她的成长，再列举她为公司做出的贡献，最后告诉她，公司非常重视像她这样的人才，他也非常欣赏她的职业态度，所以给她加薪并表彰她。

在这个过程中，张经理把加薪这件事和成长机会、成就感、价值感等动力因素联系了起来。

这样做，从表面上看，起到激励效果的是加薪，实际上是加薪代表的认可和肯定。当动力因素发挥作用时，激励效果会更好。

在现实中，一些管理者往往会做和张经理相反的事情。

他们虽然给员工加了薪，但是告诉员工："其实你干得很一般，是我向上级求情给你加了工资，你要记得我对你的恩惠，接下来好好干，这样才能报答我。"

我想，任何员工听到这样的话，心里都不会好受。这样做起不到任何激励效果，员工感受不到肯定，只能感受到否定。

管理者要明白，否定不能激励员工，只有肯定才能激励员工。激励的路径如图6-2所示。

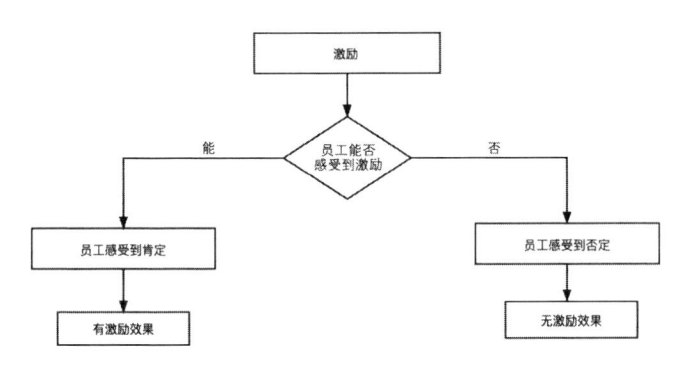

图 6-2 激励的路径

我也为员工申请过加薪，虽然我会说明他们的贡献，但是有些员工还是会展现自己的"情商"，说很多感谢领导的话。

遇到这种情况，即使我不善言辞，也会尽力解释清楚加薪是他们应得的，确保他们明白，获得加薪是因为他们干得好，而不是我这个领导干得好。

情境三：当钱不能满足员工时，动力因素仍然有效。

在没钱的情况下,管理者应该如何激励员工呢?

有一年,我之前的公司由于经营困难,不得不缩减员工支出。

在这种背景下,老板在和员工沟通的时候,先进行了自我批评,然后肯定了大家的贡献,并向一些做出突出贡献的部门表达了感激。

最后,当他艰难地说出因经营困难不得不取消当年的年终奖时,员工没有不满,而是表示理解。

后来,老板陆续收到了几名员工的邮件,他们表示愿意主动降薪,和公司一起渡过难关。

这是一个发生在我身边的真实故事,它给了管理者一个启示:当缺乏物质奖励的时候,肯定和认可仍然有效。

管理者不能把没钱作为借口,而应看透钱的本质。钱之所以能激励员工,根本原因是它能激发内在的动力因素,即管理者真诚的肯定和认可能让员工产生成就感、价值感。

情境四:销售团队的销售提成能产生激励效果吗?

上文说明了钱本身不能产生激励效果。那么,销售团队的销售提成能产生激励效果吗?

对于这个问题,我们要看到二者的不同。

销售提成虽然是薪资待遇的一部分,但是它属于动力因素,因为销售提成来自员工的业绩,如果业绩做得好,员工就有高提成。

业绩做得好，员工可以从工作中获得成就感和价值感。与此同时，如果公司能给予较高的提成奖励，员工就可以获得二次肯定，从而起到更好的激励效果。

这种效果就像老婆不仅在口头上夸一句"好老公"，还奖励老公一万元一样，激励的效果和快乐是加倍的。

如果想肯定和奖励一个人，钱往往是最有效的激励方法，因为它最显性化，而且容易量化。

不过，管理者要明白，员工之所以能感受到被激励，是因为获得了认可。钱只是一种能够被看见、被量化的外在形式，同样能够被看见的形式还有表彰大会和可以被摆放出来的奖牌、奖状等。

基于以上情境，我们可以总结出以下4种激励方法。

第一，管理者要激发员工的内在动力，不能以为只要把钱给到位就可以了，千万不要把加薪和奖金变成例行公事，浪费了激励员工的好机会。

第二，在给员工加薪或发奖金时，管理者应予以解读，将奖励与动力因素（如成长机会、价值感、成就感等）结合起来，从而激发员工的内在动力。

第三，当物质奖励等基础因素无法满足员工的时候，认可和肯定能够激发员工的成就感、价值感等内在动力。

第四，销售团队的提成模式将员工的销售提成与业绩挂钩，同样能够激发员工的内在动力，从而产生激励效果。

6.3.2　管理者如何解放自己、激发员工

有人曾在美国阿登屋疗养院进行过一次实验，实验人员随机挑选了两层楼的老人参与实验。

4楼的老人为实验组，实验人员告诉这些老人，他们有照顾自己的责任，并有权决定如何安排自己的房间、选择自己喜欢的植物来照顾，以及选择自己喜欢的日期看电影。

2楼的老人为对照组，他们不需要选择，他们的房间、植物和看电影的日期都是被服务人员安排好的，他们只要听从安排就行了。

两层楼的老人生活条件相似，唯一不同的是实验组的老人对自己的生活有责任，对照组的老人则没有。

该实验持续了3周，之后实验人员进行测试。

测试结果表明，在快乐、活力、机敏和活动参与度等方面，实验组的老人与对照组的老人存在明显的差异，前者在这些方面的表现更好。

该实验说明，提高老人对自己负责的能力和给予他们选择权，能够让他们更有幸福感，而不是像人们通常以为的那样，只有给予老人越多的照顾，他们才会越幸福。

在工作场所也是一样的道理，如果管理者大包大揽，凡事亲力亲为，员工的积极性就会降低。

相反，如果管理者愿意授权，让员工承担责任，他们就会更加卖力。

为什么会这样？

根据"双因素理论"，适度授权、让员工承担更大的责任，意味着管理者认可员工的能力和价值，这样可以激发员工的内在动力。

有的管理者觉得："让员工干我不放心，不如我亲自动手。"

然而，阿登屋疗养院的实验告诉我们，授权不仅能让员工分担管理者的工作事务，还能激发员工的价值感和成就感，唤醒他们的工作活力。

几乎没有员工真的愿意做一个不劳而获、毫无价值的人，绝大多数员工希望自己的价值能够被看见、被认可，希望自己在他人眼里是一个能够承担责任的人。

所以，一些有经验的管理者经常会对员工说下面这样的话。

"我把这项任务交给你了！"

"在这个范围内，你全权负责！"

"我相信你的能力！"

"你放手去干，出了事我负责！"

相反，另一些管理者会"监管"员工。

虽然他们花费了大量的精力盯着员工工作，但是一不留神，员工还是会出差错，导致管理进入"死循环"。

对员工适度授权是一种管理智慧，这不仅能让员工获得锻炼和成长的机会，激发他们的内在动力，还有助于解放管理者的时间和精力。

6.3.3　好心帮员工做事有错吗

这是一个发生在我们公司的案例。

为了更好地响应客户，我们和客户组建了一个微信群，群里有设计负责人老 A 和他的下属资深设计师小 C，还有我这个项目负责人，以及客户对接人。

某一天，客户对一个视频片头提出了修改意见。该片头是由设计师小 C 负责的，于是他按照客户的修改意见进行了修改。但客户还是不太满意，不断提出新的要求。

我看得出来，小 C 改得挺为难的，但他依然积极响应客户，在座位上坐得直直的，专注地盯着电脑屏幕，看那架势，他一定要满足客户的要求。

就在此时，老 A 突然在微信群里发了一种新的样式，并询问客户是不是要这样的效果。

紧接着，我看到小 C 很明显地叹了一口气，整个人都在座位上松了下来，我能感觉到他正在泄气。

事后，我私下里对老 A 说："你不要直接把你的想法发到群里，小 C 的专业自尊心比较强，让他自己做是更好的办法。"

老 A 觉得很委屈，他说："我看他改来改去客户一直不满意，我实在是看不下去了，好心帮他做个方案，还花了我不少时间，我错在哪儿了呢？"

老 A 究竟错在哪儿了呢？

根据"双因素理论"，管理者要想真正激发员工，就要激发员工的价值感和成就感。

也就是说，要想让员工积极工作，最有效的途径是让员工从工作中获得价值感和成就感。

价值感指的是员工能够从工作中感受到自己发挥的价值。成就感指的是员工能够从工作中感受到自己取得的成就，它通常伴随着价值感而产生。

回到上文的案例，修改视频片头这件事是由小 C 负责的，无论有多麻烦，只要完成了这件事，小 C 就能从中获得价值感和成就感。

但是，老 A 突然插手，这在一定程度上剥夺了小 C 的价值感和成就感。

如果客户最终选择了老 A 的方案，就意味着小 C 之前的所有努力都白费了，他很可能黯然神伤，觉得"我改来改去都不如老 A""我在老 A 眼里肯定是一个笨蛋"，这种无力感和自我否定对员工工作动力的破坏是巨大的。

不仅是工作中的管理者，很多家长也喜欢"越俎代庖"，当看见孩子不会做作业或改来改去总是做错时，忍不住自己把作业做了。这样做往往会导致孩子的学习积极性下降,因为孩子无法从学习中获得价值感和成就感,它们被"好心帮忙"的家长剥夺了。

我们应让他人自己尝试、发现,鼓励他人自己找到答案和解决办法,这种"我做到了"的感觉是无与伦比的。

当员工做好一件事的时候,管理者千万不要说"我早就和你说过,只要按照我说的做就不会错"。

如果管理者这样说,员工的积极性就会立即消失得无影无踪,因为管理者在否定员工、剥夺员工的价值感和成就感。

6.3.4　为什么当客户说"就这样吧"时我高兴不起来

我是公司的设计总监,正在负责一个设计和制作动画短片的项目。

有一个视频已经做了很久,客户在微信群里不断提出修改意见,我们基本上能做到及时响应。

有时候,我们也有些怨言,尤其是在反复修改某个地方,客户仍然说我们没有修改到位的时候。

我们在心里抱怨过客户为什么不提前把修改要求说清楚,总是在我们改完后提出新的要求。

不管怎样,我们总算修改完了,只剩下封面片头没有确定。

我们改了好几个版本,客户总觉得不满意。

我有点生气,就呛了客户几句。

客户也很强硬，说这不是他们想要的效果，如果我们实在改不了，那就这样吧！

客户的意思是项目通过验收了，我却感觉心里憋着一口气，甚至觉得有些沮丧。

为什么项目通过验收了，我却高兴不起来呢？

其实，这就是价值感和成就感被剥夺的后果。因为"我"的工作没有获得认同，导致价值感和成就感缺失，所以感到无奈和沮丧。

价值感和成就感的来源不是自我认知，而是服务对象（即客户）的判断，因为他们对"我"的工作有评判权。

另一种经常扮演评判者角色的人是管理者，在大多数时候，管理者可以评判员工的工作成果。

如果管理者肯定员工，员工就会觉得自己的工作是有成果的，进而产生价值感、成就感和满足感，甚至在下班回家后依然保持积极的情绪。

如果管理者否定员工，员工就会觉得沮丧，甚至把沮丧情绪带到家里。

我太太就是这样的人，如果哪一天她在公司表现得很好、做出了成果，或者被上级肯定了，她在回到家后就会神采飞扬，乐于谈论她们公司的事情，并且期待第二天返回工作场所，对我和孩子也会表现出更多的耐心。

如果哪一天她在公司没有被欣赏或认可，那么她在回到家后往往会带着负面情绪。在这种情况下，我和孩子大气也不敢出，生怕一不小心惹怒了她。

哈佛大学商学院教授克里斯坦森曾说过："如果你想帮助他人，就要做管理者。如果干得好，管理者就是最崇高的职业之一。"

管理者几乎每天都和员工有8~10小时的共处时间，有机会、有能力制订每一名员工的工作计划。这意味着管理者有机会让员工在每天下班后都带着良好的心情回到家里，把生活过得更幸福。

需要注意的是，我倡导管理者肯定和认可员工，并不是说管理者不能批评员工，而是说管理者不应该剥夺员工的价值感和成就感。

有效地批评员工和剥夺员工的价值感、成就感是两回事，以下两句话分别属于前者和后者。

"这件事你做得很差，根本不是你平时的水准"：这句话虽然是批评，但是没有否定员工的价值。

"算了，你别做这件事了"：这句话虽然没有批评员工，但是剥夺了员工的价值感和成就感。

6.3.5　3种常用的激励方法

激励需要成本，无论是提拔员工还是发奖金等激励方法，都需要较高的成本。成本越高，使用的频率就越低。

有没有一些既不需要太高的成本，激励效果也不错的方法呢？

激励的关键在于肯定，接下来我会介绍3种切实可行且成本较低的激励方法。

第一种，鼓掌。

鼓掌是一种效果极佳的激励方法，它不需要花钱，而且重要性和可见度都很高。

有人建议鼓掌要超过9下，如果次数太少或时间太短，听者很难感受到鼓励。当鼓掌超过9下时，听者更能感受到鼓励甚至被感动。

如果管理者想用鼓掌激励员工，就要长时间地热烈鼓掌，必要的时候还可以起立。这样的激励是非常令人振奋的，可以给予员工非常明确的肯定和赞赏。

第二种，表扬。

管理者直接表扬员工往往能起到很好的激励效果。

研究调查发现，以下激励方式非常有效。

当员工表现杰出时，管理者亲自祝贺。

管理者亲自写信表扬优秀员工。

管理者将工作表现作为员工升迁的基础。

管理者公开表扬优秀员工。

管理者召开会议，公开奖励优秀部门或员工。

……………

管理者不必拘泥于以上方式，可以"量身定制"一些表扬和肯定员工的方式，并经常使用它们。

我有一个同事喜欢送给员工糖果或孩子的玩具，以此表扬员工。我曾用过另一种方式，即通过手写卡片感谢近期表现出色的员工。一位职场前辈表扬员工的方式很有老派作风，他会邀请优秀员工去他家里做客，并亲自为该员工做一顿饭。

无论管理者采用哪一种方式，都会让被表扬的员工感受到鼓励。

第三种，及时发放一些小奖品。

鲜花、巧克力糖果、笔记本等小奖品的成本虽然不高，但是它们的可见度很高，激励效果也非常好。

需要注意的是，发放小奖品贵在及时，这样激励效果才能立竿见影。

我曾遇到过一个很会利用小奖品的上级。有一天，我完成了一项棘手的任务。在我汇报完毕后，他很兴奋，一边表扬我"太棒了"，一边说要奖励我。

他找了一圈，没有找到合适的奖品。突然，他看到桌子上放着一个刚洗好的苹果，就拿起来递给了我，说："来来来，我奖励你一个苹果，这是我太太买的。"

虽然一个苹果远远谈不上贵重，但是我从中感受到了前所未有的重视和肯定。

总而言之,要想让激励发挥作用,管理者需要充分理解"双因素理论",活学活用,明白激励的核心原则是让员工产生价值感和成就感,让员工感受到管理者对他们的重视和肯定。

只要管理者能围绕这项核心原则,将个性化和制度化相结合,充分发挥自己的想象力,给员工一些惊喜,就能起到很好的激励效果。

6.4 如何激励整个团队

上文介绍了很多种激励方法,它们大多是针对具体员工的。管理者应该如何激励整个团队呢?

如果只激发一名员工的能量,团队中的其他成员都是暮气沉沉的,那么那名员工会很快变得消极。

对于管理者来说,整个团队的士气更为重要。

有没有一些方法可以让整个团队的士气处于较高的水平呢?本节将解答这个问题。

6.4.1 创建积极的团队文化

小团队虽然人数不多,但是要有规则。

如果没有摆在桌面上的规则,"潜规则"就会大行其道,成为团队管理的顽疾。要想打破"潜规则",最好的方法是创建积极的团队文化。

怎么创建呢？

创建积极的团队文化既不是一句口号，也不是管理者的一厢情愿。

要想让团队文化真正落地，通过团队文化把团队成员凝聚在一起，最好的途径是号召所有团队成员（至少是核心成员）一起探讨团队文化。

可以从哪些角度探讨呢？

团队文化可以借鉴企业文化的架构，主要包括愿景、使命和价值观3个方面。管理者可以组织团队成员一起探讨，并回答以下3个问题。

问题一：团队的愿景是什么？

愿景是指团队对未来的期望。

愿景不是一定要实现的具体目标，而是团队对未来的美好期盼，是团队前进的方向。

我曾在一个课件研发团队里担任主管，我们当时探讨出来的团队愿景是"成为全行业的一流课件团队"。在这个愿景的指引下，我们努力思考每个人应该怎么做才符合一流团队成员的所作所为。

问题二：团队的使命是什么？

使命是指团队要做的事情。

我的前公司是一家培训咨询公司，公司使命是"赋能于人"，它概括了我们要做的事情，无论是培训还是咨询，目的都是"赋能于人"。

我当时管理的是课程团队，主要工作是运用相关技术制作有意思的课程。我们探讨出来的团队使命是"用技术让学习变得更轻松"，它既概括了我的团队要做的事情，又在大方向上与公司使命保持一致。

问题三：团队的价值观是什么？

价值观是指团队认为什么是最重要的。

团队的价值观应该和组织的价值观一脉相传，并结合团队的实际情况，最好能具体一些，以便真正落地。

价值观的关键词不宜超过3个，数量过多反而没有重点。

根据业务重点和工作行为的不同，团队的价值观不同。

例如，在同一家公司里，销售团队崇尚"客户第一"，人力资源团队提出"惜才如命"，技术团队秉承"技术至上"，这些价值观都结合了不同团队的业务特色。

当所有团队成员对团队的愿景、使命和价值观达成一致意见后，团队成员的认同感和凝聚力会大幅增强，而且大家会清楚地认识到，自己所做的事情不只是完成工作任务，还是和团队的愿景、使命、价值观相关的事情。事情虽小，但意义重大。

探讨团队文化并不难，难的是将其真正贯穿于工作之中。

这要求管理者以身作则，不仅要切实践行团队的愿景、使命和价值观，还要不厌其烦地向大家宣传它们。

例如，我的团队的价值观之一是"作品观"，它要求员工在提交稿件的时候把稿件当成自己的作品，很骄傲地把自己的名字署上去。

基于这一价值观，我在评判和反馈一些员工的时候可以说"你的做法体现了我们倡导的价值观"或"你认为这样做符合我们倡导的价值观吗"。

管理者一定要让团队文化真正落地，而不是将其束之高阁，更不是说一套做一套。

6.4.2 建立激励机制

如何建立激励机制？

我们不妨向游戏学习。

从小到大，几乎每个人都参与过游戏活动，如捉迷藏、踢毽子、电子游戏等。虽然这些游戏五花八门，但是有一点是相通的，那就是参与者在游戏中的专注度和投入度往往很高。

游戏中的哪些要素起到了这样的效果呢？

要想建立激励机制，管理者不妨参考游戏，重点思考以下3个要素。

第一个要素是设定明确的目标。

游戏往往有明确的目标，这样每个参与者才能清楚自己要做什么。

这给管理带来的启示是，团队目标应该明确、清晰，不仅管理者要清楚，员工也要心知肚明。

在一些团队中，管理者会把目标进度制作成看板，员工在走进办公室后一眼就能看见当前的进度和距离目标的差距，从而自觉加快实现目标的过程。

管理者要创建有目标感的团队文化，让员工在目标的指引下进行自我管理，而不是时时刻刻都需要管理者监督才能工作。

第二个要素是制定清晰的规则。

游戏往往有清晰的规则，如参与者在什么情况下获得奖励、在什么情况下受到惩罚等。在同一个游戏中，每个参与者都要受到规则的约束。

这给管理带来的启示是，团队要有清晰的规则，以便让员工知道应该如何开展工作和衡量工作成果的标准。

规则可大可小，小团队可以制定一些小规则；如果团队中人数较多，管理者无法面面俱到，那么最好将规则制定成白纸黑字的规章制度，并让员工遵照执行。

什么是对的，什么是错的？怎么做能获得嘉奖，怎么做会受到惩罚？如果这些内容一目了然，管理者就不必耗费精力反复解释，而是可以利用规则管理员工。

第三个要素是养成及时反馈的习惯。

游戏中的反馈往往是非常及时的，当参与者在游戏中犯错时，很快就会得到反馈；当参与者闯关成功时，也能立即得到反馈。

有些管理者忽视了给员工反馈的重要性，导致反馈不及时甚至没有反馈。

管理者需要明白，在员工眼里，管理者的"沉默"代表"不认可"，很可能造成士气低落。

管理者应该重视对员工做出的反馈，养成及时反馈的习惯。

设定明确的目标、制定清晰的规则、养成及时反馈的习惯，不仅能够帮助管理者把员工的自我管理水平提升到新的高度，还意味着管理者的管理技能进入了更成熟的阶段。

6.5 本章小结

请读者回顾本章的管理案例，并解决其中的问题。

结合本章的内容，我们不难得出，要想解决杨经理的难题，我们需要制定系统的激励方案，这样才能全方位地改进团队的工作面貌。

第一，根据"双因素理论"，要想真正激励员工，就要让员工从工作中获得价值感、成就感和成长机会。

上述案例中的丽丽既无法从杨经理给她安排的工作中体会到价值感和成就感，又认为工作对自己的发展和成长没有帮助，自然对工作提不起兴趣，只想应付了事，甚至心存怨念，带着消极情绪工作。

管理者通常对员工有一种误解，认为他们讨厌所有工作。其实不然，员工只讨厌无意义的工作，讨厌做不能产生任何价值的无用功。

对于能够产生价值和满足感的工作，他们做起来往往是"累并快乐着"的。

杨经理应该怎么做？

首先，在安排任务时，杨经理不能生硬地命令，而要向员工解读任务的价值和意义，并将任务与他们的个人目标结合起来。

其次，在完成任务的过程中，杨经理要对员工授权，让员工负责，可以设定固定的汇报时间，而不是频繁追问进展，那样很容易让员工觉得管理者不信任、不放心自己。

最后，当员工取得进展或完成任务时，杨经理要及时认可和肯定他们，不仅要肯定他们的成果，还要肯定他们的付出，让他们体验到工作带来的成就感和价值感。

第二，结合本章中关于"如何激励整个团队"的内容，一方面，杨经理要有意识地创建积极的团队文化，形成团队成员一致认同的愿景、使命和价值观，从而增强团队成员的认同感和凝聚力。

另一方面，杨经理要在日常工作中建立可长期执行的激励机制，尤其是目标机制、反馈机制和清晰的团队规则。

通过以上两个方面激发员工的内在动力，营造良好的、有活力的团队氛围，杨经理的难题便能迎刃而解了。

第 7 章　培养员工，让员工成为精兵强将

培养员工是管理体系中非常重要的一个模块，有系统的方法和策略，而不是让管理者经常给员工"上课"。

培养员工能够帮助管理者解决员工工作动力不足、优秀人才流失、团队人才断层、员工技术进步速度缓慢、衷心拥护管理者的员工较少等问题。

● 7.1　我最器重的下属竟然离职了

Marry 是公司重要部门的经理，她认为自己的部门缺乏人才，并为此感到十分担忧。

她觉得自己之所以无法充分利用时间，是因为她的直接下属都不具备承担重大责任的能力。

她相信缺乏人才的问题阻碍了公司的业务发展，导致几款新产品无法上市，很多新的营销项目也无法运作。

为了解决这个问题，她拿出了员工阵容图，逐一浏览图上列出的员工资料。她圈出了其中几位骨干，不过她对他们的评价好

坏参半,需要继续观察他们一段时间。

3个月过去了,在这段时间内,两名被她圈出来的下属离职了,他们跳槽到竞争对手的公司,并承担了比在前公司中更重大的责任。

在和这两名下属的离职谈话中,Marry 气急败坏地想说服他们留下来,对他们强调她正在很认真地考虑给他们安排更重要的职务。但为时已晚,这两名下属已经不再相信她了。他们直到离开公司时都未看出公司有任何培养他们或让他们承担重大责任的打算,因此他们怀疑 Marry 的挽留有没有诚意。

在这两名下属离开公司后,Marry 受到了严重的打击,老板也质疑她吸引并留住重要人才的能力。她的部门本来就困难重重,现在更是雪上加霜。

Marry 犯了什么错误?如果想纠正错误,她接下来应该怎么做呢?

Marry 犯了一个很多小团队管理者会犯的错误——忽视了对员工的培养。

越是能力突出的优秀员工,往往越看重职业的发展空间和发展前景,一旦他们发现自己在"原地踏步"、陷入了瓶颈,就会果断离开。

不只是优秀员工,几乎所有员工都有获得成长和发展的内在需求,而且这种需求会转化为工作动力。

无论是对组织而言、对员工而言，还是对管理者而言，让员工获得成长和发展都有助于形成"多赢"的局面。

如何在团队中制定系统化的人才发展策略呢？

本章将回答这个问题。

● 7.2　人才盘点：不同员工的培养策略

小团队管理者应了解团队的人才现状，清楚哪些员工是 A 类员工、哪些员工是 B 类员工、哪些员工是 C 类员工。不同员工的发展需求不同，培养策略也不同。

怎么对团队中的人才进行盘点呢？

我推荐人才盘点九宫格，如图 7-1 所示。

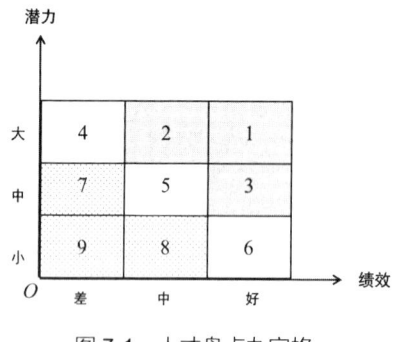

图 7-1　人才盘点九宫格

人才盘点九宫格基于两个维度对人才进行盘点：一个是员工现有的能力，即绩效；另一个是员工未来的能力，即潜力。它把绩效和潜力各分成 3 个级别，形成了一个九宫格，1~3 号为 A 类员工，4~6 号为 B 类员工，7~9 号为 C 类员工。

针对不同的员工，管理者应采用不同的培养策略。

7.2.1　A 类员工的培养策略：给平台

A 类员工是绩效好、潜力大的优秀员工，属于团队中的重点培养对象和重点人才，管理者应予以重视。A 类员工包括人才盘点九宫格中的 1~3 号员工，他们各具特色，如图 7-2 所示。

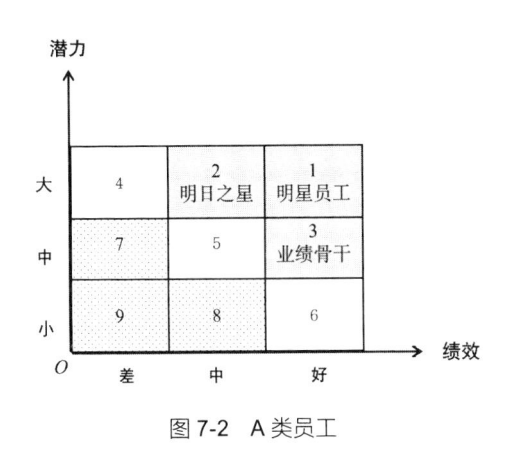

	差	中	好
大	4	2 明日之星	1 明星员工
中	7	5	3 业绩骨干
小	9	8	6

图 7-2　A 类员工

1 号员工：明星员工。

1 号员工是团队中的明星员工，他们能力突出且富有潜力，不但能在工作业务上独当一面，而且拥有广阔的发展前景。

明星员工的培养策略是设定更高的绩效要求，鼓励其挑战更高的目标，让其承担更大的责任（如负责开展新业务等）。如果有必要，那么管理者可以将其视为自己未来的接班人进行培养。

2号员工：明日之星。

2号员工是团队中的明日之星，他们通常是有两年左右工作经验的优秀毕业生，虽然绩效尚未达到卓越水平，但是他们有很大的发展潜力，有机会在不久的将来进入明星员工的行列。

明日之星的培养策略是有意识地给予他们学习和成长的机会（如让他们参与重要项目、为他们提供培训和学习资源等），帮助他们进一步提升，并确立成长为1号员工的目标。

3号员工：业绩骨干。

3号员工是团队中的业绩骨干，他们通常是富有经验的老员工，能够在工作上独当一面，虽然不像2号员工那样年轻、有冲劲，但是绩效稳定地保持在较高水准。

业绩骨干的培养策略是唤醒他们的进步需求。如果长期停滞不前，那么他们很可能堕落为"刺头"或"老油条"型员工，给团队带来负能量。

在具体方法上，管理者可以给他们安排一些新任务，从而唤醒他们的进步需求，如让他们担任新员工的导师或教练。此外，管理者还可以与他们一起确立发展目标，让他们对未来有一定的期待。

总的来看，A类员工的培养侧重点各有不同，如表7-1所示。

表 7-1　A 类员工的培养侧重点

A 类员工	培养侧重点
1 号员工：明星员工	鼓励他们挑战更高的目标，如开拓新业务
2 号员工：明日之星	为他们提供发展机会，如让他们参与重要项目
3 号员工：业绩骨干	唤醒他们的进步需求

虽然 A 类员工的培养侧重点各有不同，但是有一个共通之处，那就是不断给 A 类员工安排新任务或有挑战性的任务，鼓励他们探索未知领域，同时警惕他们陷入"我已经没有什么提升空间了"的思想误区。

老张是我的一个老同学，他在一家咨询机构工作。在他的团队中，他最看重的是阿峰。阿峰是名牌大学毕业生，加入老张的团队已经 3 年了。在此期间，他从"职场小白"快速成长为全面型选手，客户经常指名要阿峰负责对接。

一方面，因为阿峰非常优秀，所以老张对他倍加呵护，团队中的绩效奖励和优秀员工奖，阿峰都拿过很多次。

另一方面，如果有比较难做或出力不讨好的项目，老张就会安排给其他人，以此"保护"阿峰。

令老张万万没想到的是，阿峰竟然提出了离职申请，理由是"想获得更好的发展"。

老张不明白，为什么自己倍加呵护的优秀员工会离职呢？

其实，老张犯了培养 A 类员工的大忌。他应该给阿峰安排有挑战性的任务，让阿峰不断探索新领域。在这个过程中，老张可以敲打、督促甚至批评阿峰，而不是对他"倍加呵护"，舍不得他受一点伤害、挫折。

管理者要让 A 类员工知道，只要他们有能力，管理者就愿意为他们提供发展平台，"海阔凭鱼跃，天高任鸟飞"！

7.2.2　B 类员工的培养策略：给机会

在《西游记》的唐僧师徒中，存在感最低的是谁呢？

想必大多数人的答案是沙僧。沙僧就是团队中 B 类员工的写照。

B 类员工是团队中"沉默的大多数"，他们既不像 A 类员工那样是团队中的明星，也不像 C 类员工那样经常惹麻烦，他们就像《西游记》中的沙僧一样，即使兢兢业业地完成了分内的事情，也很少获得管理者的关注。

我建议管理者把最多的时间花在培养 B 类员工上，这不仅因为他们承担了日常工作中的大部分绩效产出，是团队中不可或缺的存在，更重要的是，他们中的一些人距离成为 A 类员工只有一步之遥，如果管理者长期不闻不问，那么他们很可能堕落为 C 类员工。

B 类员工包括人才盘点九宫格中的 4~6 号员工，如图 7-3 所示。

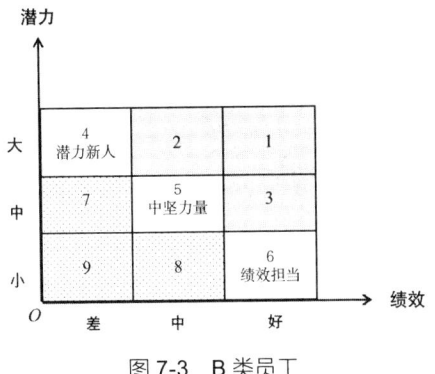

	差	中	好
大	4 潜力新人	2	1
中	7	5 中坚力量	3
小	9	8	6 绩效担当

图 7-3　B 类员工

4 号员工：潜力新人。

4 号员工是团队中的潜力新人，虽然他们目前无法胜任关键任务，但是只要给他们时间和机会，他们就能快速成长起来，成为可靠的中坚力量或明日之星。

潜力新人的培养策略是什么呢？

对他们而言，充足的学习资源和合适的教练或导师是他们成长的阶梯。此外，他们往往有较强的学习欲望，管理者可以利用这一点，和他们一起确立阶段性发展目标，"小步快跑"，并定期给予他们成长反馈，帮助他们快速进步。

5 号员工：中坚力量。

5 号员工是 B 类员工的典型代表，很多 B 类员工属于 5 号员工。他们看上去可能不太起眼，绩效和潜力都处于团队中的中游水平，但他们可以稳定地输出绩效，因而是团队中不可或缺的中坚力量。

中坚力量的培养策略是给予他们关注，让他们知道自己能够被管理者看到。

同时，管理者应展示出对他们的期望，帮他们确立成为3号员工的目标。有了发展目标，他们就有了提升的动力。

在我曾经带过的团队中，动画设计师小付就属于5号员工。她虽然能兢兢业业地完成我布置的任务，但是很少有出彩的表现，对个人的发展也没有明确的想法。

在与她沟通后，我对她提出了发展期望，期望她在一年后达到高级设计师李华的水准。有了明确的榜样，她的工作劲头变得更足了。

6号员工：绩效担当。

6号员工是团队中的执行者，他们通常工作了很多年，能够创造稳定的绩效，但缺乏提升的动力，所以很难获得晋升。

绩效担当的培养策略是尊重并认可他们的贡献，及时给予肯定，不能让稳定创造绩效的人寒了心。

如果他们的诉求是安于现状，那么，在不影响团队绩效的前提下，管理者可以尊重他们的想法，不必过于强势地鞭策他们做不愿意做的事情。

回想我带过的团队，好像每个团队中都有这样的员工，他们通常工作经验丰富，却没有晋升的想法，只想安于现状。

我曾试着激励他们挑战更难的任务，但收效不大。他们觉得只要做好本职工作就够了，只想轻轻松松地待在舒适区里，不愿意付出额外的精力。

对此，管理者可能非常难受。不过，鉴于他们能创造稳定的绩效，尊重他们的个人意见、让他们保持现状也未尝不可。

总的来看，B 类员工较为复杂且特点鲜明，培养策略应该因人而异，概括起来就是给 4 号员工学习的机会，给 5 号员工晋升的机会，给 6 号员工保持现状的机会。B 类员工的培养侧重点如表 7-2 所示。

表 7-2　B 类员工的培养侧重点

B 类员工	培养侧重点
4 号员工：潜力新人	给资源，提供学习的机会
5 号员工：中坚力量	定目标，提供晋升的机会
6 号员工：绩效担当	给尊重，提供保持现状的机会

虽然 B 类员工的培养侧重点各有不同，但是有一点是相同的，那就是管理者要给予 B 类员工更多的关注，了解他们的需求和想法，根据不同的诉求，实施不同的策略。

7.2.3　C 类员工的培养策略：要么前进，要么出局

C 类员工的问题往往是潜力小、绩效差，或者两者都有问题。C 类员工值得拯救吗？

我们具体分析一下 C 类员工，如图 7-4 所示。

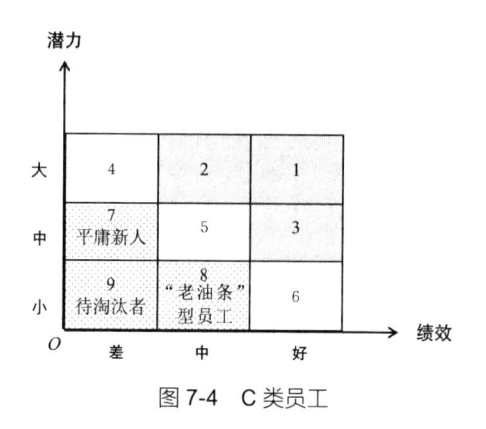

```
        潜力
         ↑
    大 | 4  | 2  | 1  |
       |----|----|----|
    中 | 7  | 5  | 3  |
       |平庸新人|    |    |
       |----|----|----|
    小 | 9  | 8  | 6  |
       |待淘汰者|"老油条"|    |
       |    |型员工|    |
       O----差---中---好---→ 绩效
```

图 7-4　C 类员工

7 号员工：平庸新人。

7 号员工可能是 C 类员工中最值得拯救的员工，他们至少还有一些潜力。

他们通常是加入团队有一段时间依旧毫无贡献的新员工，他们可能尚未适应团队或没有找到提升的办法，总之无法胜任当前的工作。如果一直无法胜任，他们就离被淘汰不远了。

对于 7 号员工的发展，管理者需要和他们达成共识，让他们尽快胜任工作，做出应有的贡献。否则，他们的结局只能是降薪、降级或离开团队。

我曾经带过一个刚毕业就加入我的团队的设计师，他在面试时表现得比较成熟，因为他之前实习过一段时间。

但是，在入职后，他的技能水平提升得非常缓慢。通常来说，应届生在入职 6 个月后基本上就能独立做出贡献了。而他在入职 8 个月后不仅不能独立完成任务，还需要让老员工带着。

也就是说，他不仅无法达成自己的绩效，还需要他人额外花费时间和精力来教他。

我认为他有潜力，毕竟他才工作了一年。基于这种想法，我又让他坚持了两个月。

在此期间，他非常痛苦，每天面对难以胜任的工作，毫无乐趣可言，最终只得离开。

如果团队中有 7 号员工，我建议管理者对他们设定改进期限。有改进当然最好，如果他们毫无改进，就"相濡以沫，不如相忘于江湖"吧。

8 号员工："老油条"型员工。

8 号员工属于中绩效、低潜力型员工，通常是团队中的老员工，他们虽然有经验、绩效勉强及格，但是不思进取，看起来几乎没有提升和改进的可能性。

对于处于这种状态的员工，管理者应该怎么做呢？

8 号员工的培养策略很简单，管理者要么接受他们勉强及格的绩效，同时观察他们有没有提升和改进的可能性，要么让他们离开。

9 号员工：待淘汰者。

如果管理者没有判断错误，那么 9 号员工是需要被淘汰的员工。

当然，如果管理者担心自己判断有误，愿意给他们机会，那么也可以尝试拯救他们。

9号员工的培养策略是进一步了解他们，主要包括以下两个方面：第一，了解他们有没有尚未发挥出来的优势，若有，则可以调整他们的工作内容，重新发掘他们的价值；第二，了解他们的真实诉求和想法，看一看能否激发他们的工作热情。

王冰曾被视为待淘汰者，一次意外的业务调整让她加入了新的业务团队，竟然激发了她的工作热情，她很快在新的业务团队中独当一面，实现了从C类员工到A类员工的逆袭。

"树挪死，人挪活"，这句话对小团队管理同样适用。没有不好的人才，只有不合适的人才。

总而言之，C类员工的培养策略是要么前进，要么出局。C类员工的培养侧重点如表7-3所示。

表7-3 C类员工的培养侧重点

C类员工	培养侧重点
7号员工：平庸新人	设定改进期限，不达标就淘汰
8号员工："老油条"型员工	接受现状或淘汰
9号员工：待淘汰者	调整工作内容或淘汰

如果管理者已经做了所能做的一切，C类员工仍然毫无起色，那么管理者应该把更多的时间和精力花在培养其他员工上。

7.2.4 人才盘点小结

通过对员工的绩效和潜力进行盘点，管理者可以在人才盘点九宫格中找到团队成员对应的位置，如图 7-5 所示。

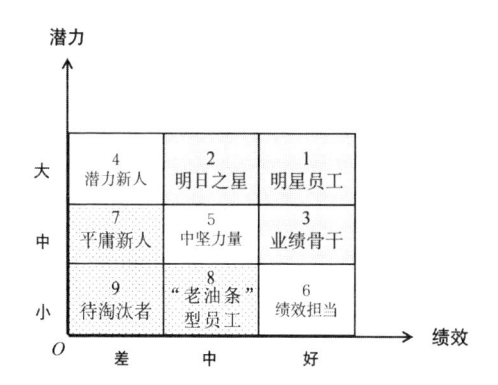

```
潜力
 ↑
大 |   4      2      1
   | 潜力新人  明日之星  明星员工
中 |   7      5      3
   | 平庸新人  中坚力量  业绩骨干
小 |   9      8      6
   | 待淘汰者 "老油条" 绩效担当
   |         型员工
   O————————————————→ 绩效
         差    中    好
```

图 7-5　9 类员工在人才盘点九宫格中对应的位置

图 7-5 中的 9 个格需要全部填满吗？

答案是否定的，管理者应该从团队的实际情况出发，有的团队某些格中的员工可能多一些，另一些格中可能一名员工也没有。管理者应根据团队的实际情况判断每一名员工所处的位置，并根据员工所处的不同位置采用侧重点不同的培养策略，如表 7-4 所示。

表 7-4　不同员工的培养策略和培养侧重点

员工类型	培养策略	培养侧重点
1 号员工：明星员工	A 类员工：给平台	鼓励他们挑战更高的目标，如开拓新业务
2 号员工：明日之星		为他们提供发展机会，如让他们参与重要项目
3 号员工：业绩骨干		唤醒他们的进步需求

续表

员工类型	培养策略	培养侧重点
4号员工：潜力新人	B类员工：给机会	给资源，提供学习的机会
5号员工：中坚力量		定目标，提供晋升的机会
6号员工：绩效担当		给尊重，提供保持现状的机会
7号员工：平庸新人	C类员工：要么前进，要么出局	设定改进期限，不达标就淘汰
8号员工："老油条"型员工		接受现状或淘汰
9号员工：待淘汰者		调整工作内容或淘汰

需要注意的是，员工的状态和所处的位置不是一成不变的，每隔一段时间，管理者应当重新进行人才盘点，看一看员工有没有新的变化，必要时可改变培养策略。

7.3 怎么培养才能留住核心人才

7.3.1 培养核心人才为什么要看人品

培养核心人才是团队管理的重中之重，尤其是在管理者没有太多精力的情况下，对核心人才的培养是非常有必要的。

要想培养人才，管理者首先要了解人才，这是一个非常简单的道理。

不同的员工有不同的想法，管理者往往想当然地认为，团队中的所有员工都与自己拥有同样的价值观和收入潜力、想走同样的职业道路。这样想是不对的。

要想了解员工,管理者至少要弄清楚以下两个方面。

第一,了解员工的人品。

在日常的绩效考核中,管理者可以只关注员工的绩效贡献,不关注人品,因为绩效考核的重点是绩效,管理者只需要用人所长。既能用"好员工",也能驾驭"差员工"并让他们产出成果,是用好人的基本要求。

切记,一旦涉及核心人才的培养和关键岗位的人才储备,人品就是第一要素。

管理者应先看员工的人品,再看员工的潜力和能力,必须弄清楚他们的人品是否正直、他们的价值观是否与组织的价值观一致,以免培养、提拔与组织价值观不一致的人。

把这样的人放到核心岗位上,难免出现问题。他们的职位越高、权力越大,将来造成的破坏就越大。

再次强调,培养核心人才(尤其是管理者的接班人)一定要看人品和价值观。

第二,了解员工的想法。

管理者应了解员工看重什么、期望以怎样的方式成长,并用适合他们的方式培养他们。

用千篇一律的方式培养员工,虽然很省事,但是行不通。

在与员工交谈时,管理者要摒弃先入为主的假设,倾听员工的心声，了解员工看重什么、希望获得怎样的成长，并与员工就发展方向达成一致意见。

说起来容易，具体要怎么做呢？

管理者通常是大忙人，甚至需要同时管理十几个项目。即使如此，管理者依然很有必要抽出专门的时间，有针对性地和员工交流，倾听他们、观察他们。

我之前的上级丹姐很重视员工的想法，她经常做一件她称之为"与丹姐一起畅聊"的事情。她会带我们去一家咖啡馆，给我们买咖啡，并让我们自己挑选口味。

之后，她会全神贯注地与我们交谈90分钟。在此期间，我们可以畅所欲言，谈论自己的发展、优势和如何利用这些优势等，她则会给我们反馈。

另一个主管峰哥喜欢邀请员工去他家做客，因为他做得一手好菜。他既可以在饭桌上和员工拉家常，了解员工的家庭情况，从而找到促使他们努力工作的家庭动力，也可以和员工聊一聊对工作的想法。

其他管理者可以像丹姐或峰哥一样，选择适合自己的方式了解员工，既可以在咖啡馆聊，也可以在办公室谈，还可以一起吃午餐；既可以多人同时沟通，也可以一对一面谈。

总之，管理者要抽出专门的时间倾听员工的声音，了解他们的人品、价值观和发展意向，考察他们的发展潜力，并采用相应的培养策略。

7.3.2 为核心人才制订个人发展计划

培养核心人才需要采取实际行动,只说不做是没有任何效果的。其中,极具标志性的里程碑行动是推动个人发展计划(IDP)的落实。

什么是个人发展计划?

顾名思义,它指的是员工的职业发展规划,包括目标制定、能力分析和能力发展计划等因素。

落实该计划需要耗费管理者很多的时间和精力吗?

事实并非如此,管理者只需要两张表就能落实该计划。

第一张表是个人发展计划表,如图7-6所示。

管理者可以与员工共同填写个人发展计划表,并制订个人发展计划,从而把培养核心人才的设想变成现实。

实践证明,在管理者和员工一对一面谈的过程中,当管理者拿出个人发展计划表的时候,员工往往会双眼发亮。

因为这意味着管理者对员工非常重视,员工也知道自己进入了重点人才的行列。基于此,员工以后的工作动力会更强,对管理者的忠诚度也会更高。

当然,并不是只要填写完个人发展计划表就一劳永逸了,管理者还要定期了解员工的发展情况。

例如,在落实个人发展计划时,我会定期让员工提交个人发展计划阶段性总结表,如图7-7所示。

个人发展计划表

员工姓名：_____ 导师：_____

1. 目标制定：

和员工一起制定 IDP 发展目标	
职业梦想	如成为一名优秀的设计师
未来 1~2 年的目标	如从中级设计师成长为高级设计师
未来 6 个月的目标	
近 3 个月的目标	

2. 能力分析

和员工一起讨论、盘点员工当前的能力水平
员工的优势：
员工的优势给工作带来的作用：
员工的不足或短板：
员工的不足或短板给工作带来的限制：

3. 能力发展计划

和员工一起制订能力发展计划			
目标发展能力	衡量方法	发展资源	完成时间

图 7-6　个人发展计划表

个人发展计划阶段性总结表

*此表可定期发给 IDP 发展对象填写并提交

请您针对起初设置的 IDP 发展目标，反思您在本阶段的收获

我的IDP发展目标：

我完成了哪些计划：

我可以在哪些方面做得更好：

我的收获和反思：

在接下来的工作中我会：

导师点评：

图 7-7　个人发展计划阶段性总结表

这就是我要介绍的第二张表，它能帮管理者节省很多精力，因为这张表中的大多数内容是由员工填写的。在填写的过程中，员工会对自己的发展进行总结和反思，从而督促自己进步。

当然，管理者要给予员工适当的反馈，而不是把这张表收上来后就一概不管了。

我听过很多 HR 在招聘的时候号称他们非常重视培养人才，一旦问他们在培养人才时究竟采取了哪些具体的措施，他们却说不上来。

以上两张表可以让管理者成为真正重视培养人才的人，而不仅仅是把"培养人才"挂在嘴边。

个人发展计划通常针对核心人才，如何培养其他员工呢？

管理者当然不能对他们放任不管，可以采取一些力所能及的措施来帮助他们发展。以下两种措施适用于所有团队成员。

第一，挖掘团队内部的学习资源。

学习资源分为两类：一类是培训、讲座、读书会、分享会等正式的学习活动；另一类学习资源"藏"在工作中，新任务、新挑战等往往是员工学习和成长的好机会，如在完成某项重要任务后开的复盘会就是一种学习资源。

管理者可以充分挖掘团队内部的学习资源，为员工提供学习和成长的机会。

第二，在团队内部建立导师制。

如果管理者和新员工交谈过，就会明白一名导师或教练对他们的成长有多重要。

我曾经以新员工的身份加入了某个新团队。一开始，我忐忑不安，担心自己做不好课程顾问，因为我虽然有文字功底和教育学背景，但是从未真正做过这个岗位。

当时，我的上级玉婷给了我极大的信心和底气，她对我说："以后我就是你的师傅了。"

后来，当我开始带团队的时候，便把导师制变成了团队的标配，每一名新员工都有一名导师。

一开始，我自己当导师，耐心地教导新员工。后来，一些老员工的能力越来越强，我便开始让他们当导师、带新员工。

事实证明，这是一种一箭双雕的好措施，不仅能让新员工成长得更加迅速，还能激发老员工的工作热情。

为了带好新员工，老员工需要掌握新的技能，其辅导、反馈等领导力方面的技能因此得到了锻炼。

此外，带过新员工的老员工往往能获得新员工的拥护，在团队中会越来越有威信。

当我调岗后，培养了最多新员工的老员工自然而然地接替了我的管理岗位。

7.4　别犹豫，培养员工是管理者晋升的阶梯

一些管理者之所以犹豫要不要培养员工，可能是因为想不通以下问题。

"培养员工真的有用吗？"

"'教会徒弟'会不会'饿死师傅'?"

"好不容易把员工培养出来了,他们转眼就离职了怎么办?"

"培养员工是人力资源部门的事情,和我有什么关系?"

首先,我们来分析第一个问题:培养员工真的有用吗?

作为一名团队管理者,我很不喜欢类似"培养人不如选好人""与其教猪上树,不如找猴子""优秀的人才不是培养出来的"等说法。

这些说法确实很吸引眼球,但它们是错的。

它们看上去更像是为了夸大招聘工作的重要性。这无可厚非,对组建团队而言,选择人才当然重要,但培养人才同样重要。

如果优秀的人才不是培养出来的,那么"怀才不遇"应该如何解释呢?在不优秀的平台或团队中,即使再优秀的人才,也难以施展才能。

在组织中培养人才不同于在学校中给学生上课,前者的关键在于给予人才施展才能的恰当平台。

我接触过很多著名的大型企业,包括一些世界500强企业。对这些企业而言,每年的秋季校园招聘是整个年度的招聘工作中非常重要的一环,这些企业很喜欢从学校招聘应届毕业生。

为什么?

因为这些企业拥有成熟的人才培养体系。

其实，大多数应届毕业生在刚进这些企业时是无法立刻胜任相关工作的。不过，一年之后，他们中的很多人开始崭露头角；两年之后，有些人变成了业绩骨干；5年之后，一些人进入了管理层，甚至成为行业的佼佼者。

如果培养员工没有用，那么这些人才是怎么成长起来的呢？

其次，我们来分析第二个问题："教会徒弟"会不会"饿死师傅"？

这样的事情会发生吗？

我认为几乎不可能发生，至少有以下3个原因。

第一，如今的职场所需的知识和技能非常复杂，不是往日"小作坊师傅带徒弟"的模式能比拟的，几乎不存在"一招鲜，吃遍天"的情况。

管理者虽然可以教会员工某种技能，但是员工不一定能掌握管理者的其他隐性技能，如管理技能、领导力、人格魅力、行业资源等。

第二，即使管理者真的被员工超越了，也是一件值得高兴的事情，这既说明管理者没有看错人，又从侧面体现了管理者培养员工的能力。

第三，如果真的遇到了小心眼的老板，为了省钱而开除没有犯错误的管理者，并让其他员工接替了管理者的位置，那么我相信，凭借管理者的能力和资历，找一份更好的工作是轻而易举的事情，离开这样的老板和公司对管理者的职业生涯也是一件幸事。

管理者与其担心"教会徒弟，饿死师傅"，不如思考怎么培养"徒弟"和提升团队的战斗力。

然后，我们来分析第三个问题：好不容易把员工培养出来了，他们转眼就离职了怎么办？

这种情况在现实生活中确实存在，尤其是一些小公司，由于没有较大的发展平台，加之薪酬待遇低于行业标准，因此比较容易出现好不容易把员工培养出来了，结果因为几千元的工资差距，员工去了其他公司的情况，这也是很多小公司不愿意招聘应届生和培养新员工的原因。

对于这种情况，我的建议是根据公司的实际情况（尤其是创业公司和小公司），慎重挑选核心人才进行培养，而不是"广撒网"。

即使是成熟公司，也不能因噎废食，不能因为担心留不住员工就阻碍员工成长。当今社会不存在终身雇佣制，管理者往往只能与员工共事一段时间，到了该分手的时候就要分手，让员工追求更长远的发展，这是管理者应有的胸怀。

最后，我们来分析第四个问题：培养员工是人力资源部门的事情，和我有什么关系？

从某种意义上说，培养人才和招聘人才是一个道理，负首要责任的是员工的直接上级,因为他们最了解员工,而且每天都能给员工安排任务。对于员工来说,这些任务往往是学习和成长的机会。

当今时代,知识更新迭代的速度非常快。我的团队里曾经有一名特别优秀的女员工,由于生孩子,她有两年的时间没有工作。两年后,她发现自己之前掌握的技术几乎用不上了,而她曾经带过的一名员工已经是公司的核心骨干。这就是工作起到的培养效果。

可见,即使是小团队管理者,也能通过安排工作来培养员工。

时至今日,培养和发展员工已经成为管理者的一项基本职责,而不仅仅是为了员工的个人成长。

在"双因素理论"中,成长机会是一个重要的动力因素。因此,有意识地培养员工,让员工"看"到自己未来的样子,是激励员工积极工作的重要动力来源。

与此同时,只有能培养员工的管理者才算得上成功的管理者,才能获得有才能的员工的拥护。在通常情况下,他们不仅能更快地晋升,还能随着时间的推移,在职场中和行业内积累更多的人脉资源。

要想学会培养员工,管理者可以经常思考一个问题:"我要怎么做才能让员工成长,并顺利完成工作?"

7.5 本章小结

请读者回顾本章的管理案例,并解决其中的问题。

结合本章的内容,我们来解决一下 Marry 的难题。

第一,Marry 必须要树立"管理者要承担起培养员工的职责"的意识。

上述案例中的两名下属之所以离开,是因为 Marry 没有提前做好人才培养工作,导致他们看不到发展的机会,遇到了发展瓶颈,所以果断选择离开。

第二,Marry 要把"培养重点人才"的想法变成实际行动。

例如,Marry 在复盘结束后才意识到,在这两名下属决定离开公司之前,她从未将他们作为重点人才来培养。虽然他们在她的培养计划之内,但是他们对她的培养计划一无所知,因为培养计划只是存在于 Marry 头脑中的一个想法,没有落地。

如果 Marry 一开始就为重点人才制作个人发展计划表,设定每个人才的长期职业发展目标和短期能力提升目标,那么这两名下属很可能不会离开。

第三,除了这两名已经离开的下属,在部门的其他人里,谁是重点人才呢?

过去,Marry 低估了这两名下属的能力,直到他们离开时才发现。由此可见,她很可能也低估了部门中其他人的能力,所以她需要重新进行一次人才盘点。

Marry 可以利用人才盘点九宫格，尽量抽出时间与每一名下属单独谈话。在谈话之前，Marry 应仔细浏览下属的档案，了解他们的绩效情况、工作记录和个人背景，从而对每一名下属在九宫格中所处的位置做出准确的判断，并采用不同的培养策略。

第四，Marry 应结合人才盘点结果，找到部门中的明星员工和明日之星等重点人才，着重对他们进行考察，了解他们的人品是否正直、他们的价值观是否与组织的价值观一致。此外，Marry 还应与他们谈话，了解他们对未来发展的想法，从而为他们制订个人发展计划。

第五，我建议 Marry 挖掘部门内部的学习资源，多组织分享会、复盘会，把每一项重要任务都视为学习的机会，并在部门内部建立导师制，通过一系列措施，把自己的部门打造成"学习型部门"，让每一名下属都有成长的机会。

第 8 章　向上管理，如何与上级相处

据调查，约 75% 的人离职的原因是"和直接上级关系欠佳"。

如果没有上级的支持，那么员工的职业生涯几乎不可能取得成功。

8.1　这样的领导叫我如何是好

王新在公司工作快 5 年了，他很受老领导的重视，在两年前被提拔为部门主管。一直以来，他和老领导配合默契，工作得非常愉快。

半年前，老领导由于家庭原因去其他城市工作了，"空降"的李总成为王新的新领导。

一开始，虽然很怀念老领导，但是王新对新领导还是有一些期待的，因为他听说李总是老板花重金从大名鼎鼎的 A 公司挖来的，想必李总能够带领他们迈上新的台阶。

李总在到来之后确实展示了自己的野心，向大家描绘了美好的愿景。

可是没过多久,王新就失望了。

他发现李总独断专行,在向李总汇报工作的时候,李总经常粗暴地打断王新并提出自己的意见。虽然有些意见确实有道理,但是这种行为让王新觉得心里很不是滋味。

李总很喜欢掌控下属,在安排某项任务后经常催问进度,不只是在上班期间,在下班后也会发工作消息。王新早上起床一打开手机,经常能看到李总在半夜发来的工作消息。

早上送孩子上学本来是难得的父子轻松交流的时间,王新却不得不思考怎么回复李总的工作消息,简直影响他一整天的心情,之前的老领导根本不会过问这么多细节。

除此之外,李总还经常朝令夕改,这周发布了一项任务,过一段时间后,他的想法可能就完全改变了。

如果这些事情只是让王新失望,那么另一件事情足以让王新对这个新领导彻底产生抵触心理。

有一次,王新和几个技术骨干陪同李总会见一个重要客户。客户询问他们能否在一个月内解决某个新的问题,李总问都没问他们,张口就说完全没问题,半个月就能解决。听到这里,王新和几个技术骨干差点"吐血",李总真是典型的外行人呀!他哪里知道这个问题的复杂程度?用一个月解决都要加班加点,半个月?恐怕要不吃不睡了!

自此,"李总是个外行人"的标签被深深地打在了王新的心里。当李总提出任何建议和要求时,王新总想消极对待,虽然他知道这样做对自己的绩效考核没有什么好处。

果然,在年终绩效考核结果出来后,王新只得了 C。在老领导任职的时候,王新的绩效考核结果通常都是 A。

王新不明白,同样是总监,为什么李总不能像老领导那样体恤下属、善解人意呢?

为什么李总作为从大名鼎鼎的 A 公司出来的人才,时常朝令夕改、不敢放权呢?

王新曾考虑过离职,又觉得自己没错,为什么离开的是自己?

王新对公司和团队很有感情,他期待有朝一日李总会改变、会主动适应他们。然而,眼下的问题是他应该如何与李总相处。

王新明白,就他和李总目前的关系,不只是眼下的工作难以做出成果,未来的职业前景也不太明朗。

如果你是王新,你会怎么做呢?

王新的问题是典型的不知道如何与上级相处的问题,属于向上管理的范畴。该范畴内还包括以下问题:

上级的行事风格很独特,我应该如何应对?

总感觉上级不够信任我,经常在下班时间催问进度,我应该如何应对?

上级不考虑我的承受能力,盲目派发工作任务,我应该如何应对?

我能否改变上级，让上级改正缺点、变得更好？

……………

对于上述和向上管理有关的问题，本章将进行系统性的解答。

8.2 向上管理的本质

对于向上管理，有些人可能存在以下误解。

向上管理真的是"管理"上级吗？

向上管理是拍上级马屁吗？

只要我做好了本职工作，是不是就不需要进行向上管理了？

本节将消除这些误解。

8.2.1 向上管理真的是"管理"上级吗

必须承认，在第一次听到"向上管理"和"管理上级"这两个词的时候，我心里想的是：天哪，管理学太神奇了，竟然还让人管理自己的上级！即使不让上级乖乖听我的话，至少也可以影响上级，让他按我的意图行事吧！

如果你也带着这样的想法阅读本节的内容，最好赶紧打消这个念头。

向上管理并不是"管理"上级，下属无法真正拥有管理上级的权力,如下属既不能给上级发工资、发奖金、定绩效,也不能给上级下达命令。

如果你试图凭借自己的实力和对团队的驾驭能力,"胁迫"上级做一些他不想做的事情,让上级为你的个人目标服务,那么,这样的向上管理的出发点就是错的,很可能把你与上级的关系置于危险的境地。

换位思考一下,如果你有一名能力又强,又在团队中很有威信的下属,他不仅不听命于你,还经常伙同其他下属和你对着干,让你做"傀儡"上级,你会开心吗?

他可能觉得自己很厉害,认为自己可以管理上级,让上级对自己言听计从,而你可能已经想了一百种方法来开除他。

我听过这样一个故事:一家公司的培训部门准备对该公司的管理者做一场培训,培训课程的主题是向上管理。

当培训课程被提交给老板进行审批的时候,老板直接否决了。

为什么?

因为培训课程的标题叫作"向上管理,如何搞定你的老板"。

老板一看到这个标题就生气了:"我还没搞定你们,你们竟然想搞定我?"

在这个故事中,培训课程的标题不仅是失败的,还是错误的。

课程的开发者和宣传者错误地理解了向上管理的本质,他们对向上管理的理解只停留在字面上，以为向上管理就是"管理"上级，不仅自己陷入了误区，还差点把学习者引入歧途。

向上管理既不是"搞定"上级，也不是对上级进行管理，而是支持上级，这才是向上管理的本质。

下属应支持上级，与上级的目标保持一致，进而获得上级的信任和支持，最终达到双赢的目的，而不是把上级当成自己的"棋子"。如果你真有这个本事，那么你更应该坐在上级的位置上，怎么会是下属呢？

8.2.2 向上管理是拍上级马屁吗

既然向上管理的本质是支持上级，就意味着下属要尽可能多地了解上级的优缺点、目标、个人兴趣和偏好的工作方式，同时努力配合上级的工作。

这听起来有点像拍马屁，但两者有本质上的区别。

拍马屁的目的是谋取个人利益，黑白不分地讨好上级，既不考虑组织利益，也不考虑上级真正的利益。

向上管理的目的是与上级配合，朝着达成共识的方向迈进，兼顾组织、上级和个人的利益。

前者只考虑个人利益，后者还考虑组织和上级的利益。两者的立场不同，为组织创造的效益也不同。

在明白两者的区别后，下属就不会因为害怕被贴上"拍马屁"的标签而放弃向上管理了。如果希望上级对你负责的团队和项目给予更多的支持，你肯定不能和上级对着干，而要和上级的目标保持一致。

8.2.3 做好了本职工作还需要进行向上管理吗

很多人认为自己只要做好本职工作就行了，没有必要进行向上管理。

这样的想法未免过于天真。

首先，做管理需要分配资源，而分配资源的权力掌握在你的上级手中。只要你需要获得工作资源和支持，你就需要进行向上管理。

其次，如果无法获得上级的信任和支持，那么你很难在职场中取得成功。

存在类似想法的人通常是不善于与上级沟通的人，他们以为只要默默做事就行了。

虽然从某种程度上来说，做好本职工作也是对上级工作的支持，但是你不能忽略一个事实，那就是上级有时候既不知道你在做什么，也不知道你真实的想法是什么。你需要使用一些向上管理的方法，让上级安心并足够信任你，这样有利于你进一步开展工作。

8.2.4 向上管理的本质是支持上级

要想真正理解向上管理，你应该抓住向上管理的本质。向上管理的本质既不是"管理"上级,也不是"搞定"上级,更不是功利性地利用上级,而是支持上级,成为上级的左膀右臂,与上级的目标保持一致,在帮助上级实现大目标的同时,实现自己的小目标。

换句话说,向上管理的本质是通过支持上级,获得上级的信任和支持,如图 8-1 所示。

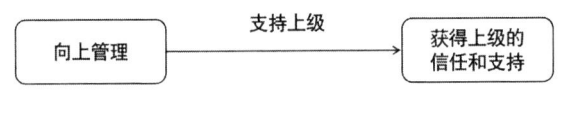

图 8-1 向上管理的本质

只有明白了这一点,你才算认清了自己与上级的关系,才能在处理自己与上级的关系时不陷入情绪化的困境。

如果你能明白自己工作的目的是支持上级,处理自己与上级的关系就会简单很多。

你既不应纠结于能不能管理上级、影响上级,也不应对上级的缺点感到抓狂,更不应因为上级一时的冷落而抵触工作,而应努力让自己的工作与上级的目标保持在同一条轨道上。

当然,支持上级并不仅仅是口头上的支持,也不仅仅是心理上的支持,你需要采取切实的行动。

具体来说,你需要使用一定的方法。

接下来,我会介绍向上管理的基本原则和方法,帮助你拉近与上级的关系,从而更好地支持上级。

8.3 向上管理的基本原则

向上管理的本质是支持上级，围绕这一本质，可能存在上百种方法来进行向上管理。

向上管理有没有基本原则呢？

答案是肯定的。只要在处理与上级的关系时遵守这些基本原则，即使你不懂太多的方法，也能做好向上管理。

8.3.1 原则一：常汇报，尊重上级的知情权

要想获得上级的信任和支持，你需要尊重上级的知情权，经常主动汇报自己的工作进展。

如果你认为"反正上级没问我，我为什么要主动汇报呢？多一事不如少一事"，你就犯了不尊重上级的知情权的错误。

汇报不一定是当面汇报，现在的通信手段这么方便，有时候只要发一条信息就够了。

"杨总，您交代的事情我已经开始办了，昨天拜访了客户，和客户聊了两小时，很有收获。我会根据沟通结果把方案修改一下，并在本周二下班前发给您。如果有新情况，我会继续向您汇报。"

想象一下，上级看到这样的信息会回复什么呢？

也许上级只会回复一个"好"字，但这个"好"字代表了上

级的放心和信任。

有人可能担心：经常向上级汇报工作会不会耽误上级的时间？

你要明白，汇报不等于请示。请示是需要上级思考和权衡的，比较占用上级的时间。汇报是向上级同步工作进度，避免上级不清楚你在做什么。如果你是一个从不主动汇报工作的人，那么，即使上级没有询问你的工作进度，他在心里也会怀疑你是否把全身心都投入在工作中、你能否如期完成当前的工作。

不要等上级向你询问工作进度，当上级询问你的时候，说明他已经对你产生怀疑了。你应该"主动出击"，经常向上级汇报工作，让上级放心。

8.3.2 原则二：为上级节省时间

通常来说，上级的时间比下属的时间更值钱。用下属的时间为上级节省时间，上级会非常感激下属。

下属如何用自己的时间为上级节省时间呢？

当你用两小时进行电话沟通、阅读成堆的文件、审核各种陈述材料，只为了让上级用 30 秒的时间做出最终的决定时，你就是在为上级节省时间。

很多人的做法恰恰相反，他们经常把问题反映给上级，并询问上级"我该怎么办"，让上级绞尽脑汁地寻找答案。

对于这些人，不要说影响甚至"管理"上级，上级一看见他们就烦。

如果下属真的遇到了问题，需要向上级请示，应该怎么节省上级的时间呢？

正确做法是让上级做选择题，而不是问答题。

例如，设计部主管丽丽在向上级汇报方案时是这样陈述的。

"张总，我觉得给客户的方案有两种做法：第一种是……第二种是……它们各自的优劣是……您曾说过要站在客户的角度看待问题，根据这种思想，我觉得第一种做法更合适，您觉得呢？"

丽丽给上级列出了所有的选项，不仅为上级节省了时间，还把最终的决策权留给了上级，这样的下属很难不被上级看重。

8.3.3　原则三：适应上级，而非改变上级

调查发现，上班族平均每天花 30 分钟的时间抱怨上级，还有一部分人在下班后继续向自己的另一半抱怨上级。

"他为什么会那样想？"

"他为什么要这样对我？"

"他就不能提升一下领导力吗？"

……

德鲁克曾说："如果你认为上级很蠢，对上级的态度不是支

持,而是质疑,那么上级会用同样的态度对待你。"

向上管理的大忌是把上级放到自己的对立面,这对你有百害而无一利。

必须承认,上级确实存在各种各样的缺点,而且有些缺点已经影响到了工作,你可能忍不住在心里呐喊:"天哪,他是怎么当上领导的?"

如果你有这样的想法,期待上级能变得像商学院或管理学书籍里描绘的那样拥有雄才大略,你就陷入了试图改变上级的误区。

《高效能人士的七个习惯》一书里记载了这样一个故事。

某公司的总裁被公认为精力旺盛、目光敏锐、才华横溢、精明干练,能洞悉行业发展趋势。但是,他在管理方面独断专行,总是对下属颐指气使,就像他们毫无判断能力一样。

这几乎让所有下级主管人心涣散,一有机会便聚集在走廊里大发牢骚。

乍听之下,他们的话不但言之有理,而且用心良苦,仿佛确实是为公司着想。实际上,他们没完没了的抱怨无非是把上级的缺点当作推卸责任的借口。

有一位主管不愿意向这种大环境低头,他并非不了解总裁的缺点,他的应对方法不是在背地里批评总裁,而是设法弥补总裁的缺点。总裁颐指气使,他就加以缓冲,减轻下属的压力。同时,他设法发挥总裁的长处,和大家一起把工作做好。

接下来,"奇迹"发生了。

以后开会时,其他主管依然听命行事,只有那位积极主动的主管会被总裁询问"你的意见如何"。

这在公司里造成了不小的震撼,其他只知道抱怨的主管找到了新的攻击目标。对他们而言,只有推卸责任才能让自己立于不败之地。

幸好那位主管对同事的批评不以为意,仍以平常心对待他们。久而久之,他在同事中的影响力逐渐增加。后来,总裁对他越发器重,公司做出任何重大决策都必须经过他的认可。

我们能从这个故事中得到哪些启发呢?

《高效能人士的七个习惯》一书的作者史蒂芬·柯维认为,每个人都有自己的关注圈和影响圈。关注圈是自己牵挂的事情,如股票行情、上级的性格等。影响圈是自己能够控制的事情,如买哪一只股票、如何应对上级的行事风格等。

如图 8-2 所示,我们应该从自己的影响圈着手,做自己能够控制的事情,一点一滴地改变。这样,影响圈自然会慢慢扩大。

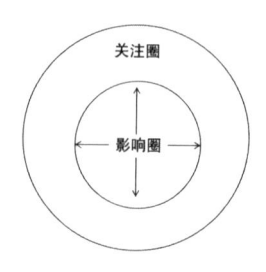

图 8-2 关注圈和影响圈

上级也是人，有各种各样的缺点，有的上级大大咧咧，有的上级心细如发，有的上级慢条斯理，有的上级脾气暴躁。下属既无法改变上级，也不能把上级的缺点当作消极怠工的借口。

如果下属关注自己的影响圈，就应该把上级的缺点当作发挥自身价值的机会，弥补上级的不足。

一定要记住：不是上级适应下属，而是下属适应上级。

期待上级改变自己长期以来的风格，主动适应下属，几乎是不可能的。

现实情况往往是，下属要么适应上级，要么离开。

下属的正确做法是了解并主动适应上级，而不是试图改变上级。

下属应了解上级的优缺点，想一想如何通过自己的工作帮助上级实现工作目标。这样既成就了上级，也成就了自己。

向上管理的基本原则和具体做法如表8-1所示。

表8-1 向上管理的基本原则和具体做法

基本原则	具体做法
常汇报，尊重上级的知情权	经常主动向上级汇报工作
为上级节省时间	让上级做选择题
适应上级，而非改变上级	适应上级的风格，弥补上级的缺点

要想做好向上管理，下属应多做符合上述基本原则的事情，少做违背它们的事情。

8.4 向上管理的方法

8.4.1 你理解上级吗？找准上级的需求

下属通常认为"满足上级的需求"就是全盘按照上级的指示做事，上级说什么，下属就做什么；上级没有说，下属就不做；上级没有说清楚，下属就不知道要不要做、怎么做。

这样显然是不行的，上级不仅会觉得这样的下属没悟性、和自己没有工作默契，更严重的情况是，上级会认为下属没有大局观，看不到事情的全貌，缺乏升职的潜力。

要想找准上级的需求，下属具体应该怎么做呢？

我建议下属分析上级的两种需求，分别是显性需求和隐性需求。

首先，分析上级的显性需求。

显性需求主要是上级制定的工作目标，如扩大业务范围、制定新流程、发布新产品等。

这些目标是显而易见的，下属需要主动了解，并确保自己的目标与上级的目标在同一条轨道上。这样，下属的工作会更容易出成果。

其次，分析上级的隐性需求。

隐性需求是指上级不告诉下属，下属甚至不知道它们的存在，但确确实实存在于上级心中的需求，如以下需求。

"我今年再不升职就来不及了!"

"老张的事情真烦琐,希望他今天别来打扰我。"

"如果有个得力的下属协助部门正常运转,我就能休个假了。"

显性需求通常是工作层面上的需求,隐性需求往往是内在的心理需求。二者的区别如表 8-2 所示。

表 8-2 显性需求与隐性需求的区别

上级的两种需求	区别
显性需求	上级制定的工作目标,与上级的工作目标相关
隐性需求	上级内在的心理需求,与上级的个人目标相关

下属如何发现上级的隐性需求呢?

可以尝试以下 3 种方法。

方法一:了解任务的背景信息。

通过对任务的梳理,下属可以了解上级的工作出发点和任务的背景信息,从而发现上级下达任务的隐性需求。

方法二:检视过去和分析现状。

首先,下属就以下问题回想过去,并写下答案。

我做过什么让上级称赞的事情?

上级曾经特别关注过哪些事情?

我被上级批评的主要原因有哪些?

上级是否表达过自己的期望和标准?

然后，下属就以下问题分析现状，并写下答案。

上级现在最希望我做什么？

上级最赞赏的人是谁？

上级对我的要求是什么？

上述问题可以帮助下属发现上级虽然没有明说，但是希望下属能够满足的隐性需求。

方法三：主动向上级打听。

虽然上级没有告知下属某些讯息，但是下属可以主动向上级打听，如上级对工作的看法、对新开展的工作最重视的是什么等。此外，我还建议下属主动向上级寻求反馈，时刻了解上级对自己的期望。

我们可以做一个很有意思的练习。

请你拿出一张纸，假设自己是上级，先尽可能多地列出自己的显性需求和隐性需求，然后分别从中选出最重要的几种需求，最后分析作为下属的自己做的事能否满足这些需求。

需要澄清的一点是，发现上级的需求并不意味着找到上级的喜好并讨好、取悦上级，其核心目的包括以下两个：第一，与上级的目标保持一致，避免盲目开展工作；第二，做上级工作中的合伙人，更好地配合上级的工作。

8.4.2 为什么和上级没默契？了解并适应上级的风格偏好

你是否存在和上级没默契的问题？

例如，你无法预料上级接下来的行为，不能理解上级为何总是在你工作的时候突然打断你，对上级喜欢抠细节感到抓狂，你发送给上级的重要邮件迟迟得不到回复。

在很多时候，下属之所以和上级没默契，是因为没有仔细了解并适应上级的风格偏好。

如果能够做到这一点，下属就会发现自己和上级其实还是挺有默契的，甚至自己能够预料到上级接下来要做的事情。

那么，下属需要了解并适应上级的哪些风格偏好呢？

第一，性格倾向。

如果上级是安静内向、不太主动的人，那么下属应该主动向上级征求意见、报告工作，不要一直等着上级询问自己。

相反，如果上级是活跃的外向派，那么下属应该理解上级常常找自己沟通、突然打断自己的工作、对很多任务计划浅尝辄止等行为。

第二，资讯接收偏好。

上级可分为听者型上级和读者型上级。

听者型上级喜欢听下属汇报并当场提问。

面对这样的上级，下属应该先做口头汇报，再在和上级讨论后形成书面报告。如果下属直接发给上级一份书面报告，上级很可能看不进去。

读者型上级喜欢先阅读资料，再和下属讨论。

面对这样的上级，下属应该先写好提案，再在上级阅读完后和上级讨论。

第三，工作方式偏好。

有的上级是理性派，偏好工作有较强的系统性、条理性。有的上级是感性派，偏好有创意的点子，思维活跃。

有的上级只关注大局，对过程完全放权，只要结果。

面对这样的上级，下属需要管理好过程，遇到问题要及时、主动与上级沟通，不要等彻底失败了再告诉上级。

有的上级喜欢抠细节，甚至对海报上的字体大小"斤斤计较"、对文案中的错别字大发雷霆。

这样的上级的确让人头痛，下属要对上级的挑剔做好心理准备。

第四，沟通方式偏好。

上级喜欢通信软件还是电子邮件？

上级喜欢一对一面谈还是群体讨论？

上级喜欢的沟通频率是什么？下属每隔多久要汇报一次？

如果了解上级的沟通方式偏好，下属就能知道在哪些情况下找上级沟通的成功率更高。

例如，我之前的上级喜欢一对一沟通，下属有事情直接去办公室找他就行，通常都会得到热情的回应。

如果新来的主管不知道他的沟通方式偏好，遇到事情选择发送邮件、短信或语音消息，可能就会石沉大海。

下属需要了解并适应上级的风格偏好，具体包括上级的性格倾向、资讯接收偏好、工作方式偏好和沟通方式偏好，如表 8-3 所示。

表 8-3　上级的风格偏好和具体内容

风格偏好	具体内容
性格倾向	内向型上级：主动与上级沟通。 外向型上级：理解上级突然打断下属的工作等行为
资讯接收偏好	听者型上级：多做口头汇报。 读者型上级：多做书面汇报
工作方式偏好	理性派上级、感性派上级。 大局型上级、细节型上级
沟通方式偏好	通信软件、短信、电话、一对一沟通、一对多沟通等

介绍了上级这么多的风格偏好，你可能觉得："我是来工作的，不是来讨好上级的。"

你要明白，了解并适应上级的风格偏好既不是让你委曲求全，也不是让你溜须拍马，而是你作为下属，应该主动寻找与上级最默契的合作方式，从而提高工作效率。

8.4.3　向上级汇报方案总被否决？你是否有备选方案

张经理是某公司的培训经理。

近期，他留意到短视频越来越风靡，想利用这个新媒体渠道协助开展培训工作。

张经理花了一些时间进行调查分析,觉得这件事情很有前景,便正式起草了一个方案,在周一例会后单独向人才发展总监李总进行了汇报。

一开始,李总对张经理的方案不置可否。在听到张经理说一年大约需要10万元经费的时候,李总直接否决了这个方案,理由是培训经费有限。

这让张经理很受挫:这么有前景的事情,李总为什么不批准呢?

对于很多人来说,故事到这里可能就结束了,这只不过是一件方案被否决的小事情。

但是,张经理的故事并没有到此结束。

几天后,张经理向李总提交了备选方案。在备选方案中,他不仅缩减了大部分经费,还提出项目运营前期不需要经费,只需要让团队里的实习生花时间和精力试运营一个月。如果效果好,到时候再向公司申请经费。

这一次,李总不仅同意了张经理的方案,还介绍他认识了新媒体部门的主管,并让新媒体部门的同事和张经理的团队进行了一次分享交流。

为什么张经理的第一个方案被否决了?

我们站在李总的角度思考一下。第一次,张经理只给出了一个选项,并列出了各种理由,看上去非常完美,完美到上级如果不同意这个方案,就显得太过保守,有点逼迫上级的意思。与此同时,张经理对培训经费、试错风险等因素考虑不周。

第二次,张经理提供了备选方案。第一个方案需要10万元经费,第二个方案在前期不需要经费,上级自然觉得免费探索一种富有吸引力的新形式是很划算的,即使最终失败了,也不会影响部门的整体业绩。

你是否遇到过向上级汇报方案被否决的情况?

张经理向上级汇报的故事带来了哪些启示呢?

第一,在向上级汇报方案(尤其是重要方案)时,方案一定要灵活、留有余地。

下属至少要有一个首选方案和一个备选方案。

如果只有一个方案,没有对比,上级就会觉得这么重大的事情不能盲目决策。在这种情况下,否决方案自然成为最安全的选择。

我曾有一个同事,吃苦耐劳、工作勤奋。但他有点"一根筋",认准的事情绝不妥协。

如果他有一个想法想让上级批准,但上级没有批准,他就会面红耳赤地和上级争执。

上级知道他是一个忠厚老实的人,通常不会计较他的情绪,反而会宽慰他。

即使如此,如果上级最终没有同意他的想法,他还是会感到失落，并在私下里向其他同事抱怨上级目光短浅。

他从未想过"退一步，海阔天空"，也不考虑上级的想法。

后来，我听说他换过很多家公司，在每一家公司工作得都不开心，也一直没有获得晋升。

第二，遵循"为上级做决策节省时间"的原则。

下属提供多个方案，一方面可以方便上级进行对比和选择，另一方面可以体现出下属考虑了多个因素，想为上级做决策节省时间。

否则，很容易变成下属向上级提出一个想法，上级手忙脚乱地到处找资料论证这个想法的可行性，这违背了向上管理中"为上级节省时间"的重要原则。

8.4.4　在不赞同上级的时候应该怎么办

如果你不赞同上级的决策，你会怎么做？

大多数人会默不作声，默默地表示同意。

下属往往不想与上级产生分歧，他们担心这样会让上级觉得自己态度消极或爱表现，甚至影响自己的前程。

可是，如果你认为上级的决策很可能是错误的呢？

难道就眼睁睁地看着上级犯错？

当然不可以！

以富有建设性的方式表达自己与上级不同的意见，既是下属的工作中不可或缺的一部分，也是上级的左膀右臂应当肩负的职责。

这需要技巧和策略，下属不妨"有话直说"，同时要"有话好好说"。

如何做到"有话好好说"呢？其内涵如图 8-3 所示。

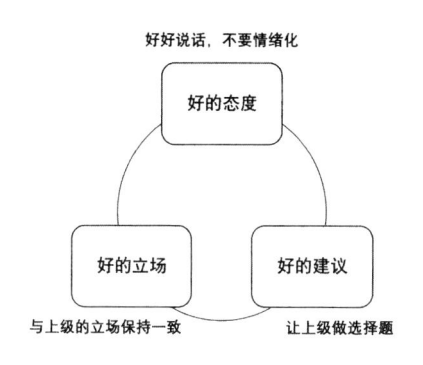

```
         好好说话，不要情绪化
              好的态度

    好的立场          好的建议

与上级的立场保持一致   让上级做选择题
```

图 8-3 "有话好好说"的内涵

第一，好的态度。

下属要在态度上表明上级是自己的伙伴，而不是站在自己对立面的"敌人"。

上级在听到反对意见后可能下意识产生抵触情绪，这时候，下属需要冷静应对，让上级认识到你的出发点是公司利益。

第二，好的立场。

下属要站在上级的立场思考问题，把自己的想法与上级的目标联系起来。

例如，下属可以这么说："我们的目标是优化客户体验，而我从客户那里得到的反馈是……"

这样可以表明下属和上级的立场是一致的，只是下属有不同的看法。

第三，好的建议。

下属在表达完反对意见后是一吐为快了，却把难题丢给了上级，这不符合"为上级节省时间"的原则。

正确做法是下属应该准备一个替代方案，让上级做选择题。

上级既有可能采纳下属的意见，也有可能否决。即使是后者，下属也为上级增加了一个思考的维度。

如果上级在和下属充分沟通之后依旧坚持原来的决策，那么下属能做的就是接受现实并执行上级的决策，因为上级可能想到了下属想不到的维度，或者掌握了一些不方便透露给下属的信息。

8.5 向上管理的级别

向上管理的含义是支持上级、做上级的左膀右臂。下属在上级眼里价值越大、越不可或缺，下属的重要性就越强。如果下属能够影响上级，那么证明下属的向上管理做得比较好。

向上管理的级别有多少层呢？

我将其分为3层，如图8-4所示，不同下属向上管理的级别是不同的。

```
        /\
       /  \
      /"离不开"\
     /_____\
    /          \
   /  "信得过"   \
  /_____\
 /                \
/     "用得上"      \
/_____\
```

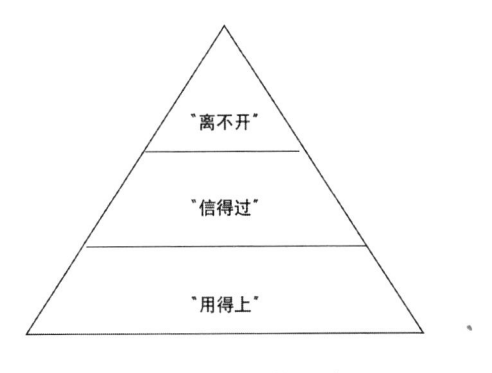

图 8-4　向上管理的级别

接下来，我们来探讨一下你向上管理的级别在哪一层。

8.5.1 第一层，"用得上"

你是上级"用得上"的下属吗？

这是最基础的级别，如果达不到，你就会发现自己对上级无法产生任何影响力，是一个几乎对上级毫无价值的人，自然谈不上向上管理。

怎么做才能成为上级"用得上"的下属呢？

"用得上"意味着你有解决特殊问题的能力，你的能力越突出、越无法取代，你对上级的影响力就越大，你在上级心目中的价值也就越大。

很多默默无闻的 B 类员工向上管理的级别位于这一层。虽然他们可以维持稳定的绩效产出，但是只有能力是不够的，他们需要把自己对上级的影响力提高一个层级。

8.5.2 第二层,"信得过"

你是上级"信得过"的下属吗?

我们来看一个"信任公式",如图 8-5 所示。

$$信任 = 能力 \times 品德$$

图 8-5 "信任公式"

如果一名下属能力很强,品德却有问题(如自私自利),那么上级往往不敢信任他。

如果另一名下属品德很好、非常正直,却没有能力,什么事情都做不好,那么上级同样无法把重要任务交给他。

可见,要想获得上级的信任,能力和品德缺一不可。

为了让上级"信得过"你、提高上级对你的信任度,你需要在日常工作中做到以下 4 点。

第一,理解上级。你应该在理解上级需求的基础上,主动完成上级交代的任务,甚至超出上级的预期,而不是做上级的"提线木偶",上级说什么才做什么。

第二,忠于上级、维护上级。你不能表面上对上级客客气气,背地里却向其他人抱怨上级,表面一套,背后一套。

第三,诚实正直。你应该对上级诚实,不能欺瞒上级。否则,只要被上级发现一次,上级以后就很难相信你了。

第四,敢于担责。当工作出了问题,可能要被上级责罚的时候，你是主动承担责任，还是为自己辩解，试图把责任推卸给下属或其他客观条件呢？

我曾遇到过一个下属主管，他能力很强，对自己要求很高，正因如此，他无法接受批评和建议。当我对他提出质疑的时候，他很难虚心接受或承认自己的不足，常常为自己辩解。

我知道他这样做可能是为了维护他在我心目中的形象，殊不知不承认自己有错的辩解反而损害了他在我心目中的形象。

在熟悉他之后，我不再器重他，基本上不会给他安排特别重要的项目。因为我认为，不承认自己会犯错，或者即使犯了错也不认为是自己错了的人是难当重任的，我无法完全信任他。

他向上管理的级别只能停留在"用得上"这一层。幸好还能"用得上"，否则我只能请他离开。

如果你向上管理的级别达到了"信得过"这一层，你就已经超过了90%的人。要想达到更高的级别，请你继续往下看。

8.5.3 第三层，"离不开"

你是上级"离不开"的下属吗？

"离不开"意味着你和上级是亲密的搭档。要想达到这一层，你不仅要在工作上表现出色，还要与上级的私人生活有一定的交集。

在工作上，你要支持上级，帮助上级实现其职业目标，做上级的左膀右臂。

在生活上，你要对上级热衷的事情表现出一定的兴趣，融入上级的生活圈子，成为上级不可多得的伙伴甚至亲密的朋友。

谁说下属不能和上级成为朋友？

长时间在一起工作的上下级很难保持单纯的工作关系，往往会了解对方的生活，业余爱好、培养孩子、赡养父母等方面的话题很容易引起讨论。

上级在工作上是领导，在生活上就不一定了。下属为上级提供力所能及的帮助，有利于双方的关系更进一步。

有一次，我女儿生病了，去了好几家医院都看不出个所以然来。我一筹莫展，不知道接下来该去哪家医院看一看。

我无意中和同事们提起此事，一个广州本地的下属主管说她找人问一下。

不久后，她告诉我应该去中山二院，因为中山二院治疗相关疾病的科室是全广州最好的。

我立即挂了专家号，专家很重视，马上为我女儿安排了住院和手术。

为此，我对那个下属主管感激不已。如今，我们不仅是工作上的搭档，还是生活上的伙伴，经常吐槽各自的家庭烦恼或分享育儿的心得体会。

"用得上""信得过""离不开"既是下属向上管理的级别，也是上级对下属的器重程度。

有人可能认为：何必那么复杂？谁的薪水高、职位高，谁的重要性就更强。

这种观点只知其一，不知其二。

薪水、职位的高低通常是与能力相匹配的，也就是3个层级中的第一层——"用得上"。

如果下属想提高，就需要让上级"信得过"甚至"离不开"自己。

让上级"信得过"你的关键是你的工作能够不断超出上级的预期，不断提高上级对你的信任度。

让上级"离不开"你指的是你要在达到前两层的基础上，成为上级工作上的搭档和生活上的伙伴。

分析一下，你向上管理的级别在哪一层呢？

8.6　本章小结

请读者回顾本章的管理案例，并解决其中的问题。

结合本章的内容，我们来解决一下王新的问题，帮助王新改善与上级的关系，重新获得上级的信任和支持，从而更好地开展工作。

第一，王新应该认识到向上管理的本质是支持上级。

上文一再强调，向上管理不是真的让下属"管理"或利用上级，而是让下属与上级站在同一阵营中，支持上级，做上级的左膀右臂。

很明显，王新并没有这么想。

他一直忘不掉老领导的优点，不仅不支持新领导，甚至抵触新领导，犯了向上管理的大忌。

第二，王新应该经常汇报，尊重上级的知情权，让上级放心。

李总经常在下班后询问王新工作问题，这说明王新的汇报工作做得非常不到位。

王新应及时汇报工作进展，至少在下班前汇报完毕，让李总知悉最新状况，最大限度地避免在下班后被李总追问。

第三，王新应该进一步了解上级。

通过案例我们可以看出，王新对李总的了解是比较片面的，以缺点居多。这说明王新对上级的了解不够充分，他应该进一步了解上级。

了解上级的核心内容包括了解上级的需求（如工作上的显性需求、生活上的隐性需求）和上级的风格偏好（如性格倾向、资讯接收偏好、工作方式偏好、沟通方式偏好）。

第四，王新应该主动适应上级的风格偏好，而非改造上级。

李总有自己的风格偏好，也有在做决策时容易考虑不周、经常变化决策、喜欢管控任务实施过程等缺点。

面对李总的风格偏好和缺点，作为下属的王新既不应让上级适应自己，也不应改造上级，而应调整自己，主动适应上级。

之前的上级非常有领导魅力，王新能够很好地适应、配合对方。

当换成一个风格偏好完全不一样且有明显缺点的上级时，王新应该做的既不是怀念之前的上级，也不是要求现在的上级向之前的上级看齐，而是调整自己，主动适应上级的风格偏好。

如果上级在做决策时容易考虑不周，那么下属可以提前与上级沟通决策的风险。如果上级经常变化决策，那么下属可以准备多个预案。如果上级喜欢管控任务实施过程，那么下属可以向上级实时汇报工作。

这不是溜须拍马、放弃自尊、低眉顺眼，而是站在下属的角度，主动采取措施，处理自己与上级的关系。

王新应该主动适应上级，否则他在与上级的关系中会处于非常被动的位置。

第五，在不赞同上级的时候，王新应该"有话直说"，同时要"有话好好说"。

王新对上级的意见非常大，稍不留意可能就会被上级发现。

我建议王新不要把话憋在心里，既要"有话直说"，又要"有话好好说"。

什么是"有话好好说"呢？

其内涵包括3个"好"。

首先，王新应该有好的态度，不要闹情绪，那样于事无补；其次，王新应该有好的立场，让上级知道他和上级的立场是一致的；最后，王新应该有好的建议供上级选择，而不是把问题丢给上级。

通过转变立场（从抵触上级转变为支持上级）、调整工作方式（从被上级询问调整为主动向上级汇报）、进一步了解上级、主动适应上级、与上级的目标保持一致，我相信王新可以做上级的左膀右臂，成为上级身边不可或缺的重要人才。王新改善与上级的关系的流程如图 8-6 所示。

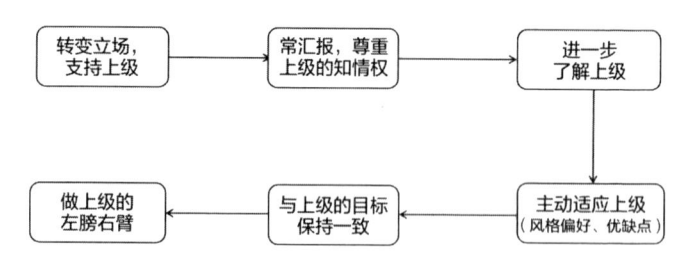

图 8-6　王新改善与上级的关系的流程

总而言之，要想掌握向上管理这一职场必备技能、处理好与直接上级的关系，核心是支持上级。只有帮助上级取得更大的成功，下属才能取得更大的成功。

第 9 章　管理协作，如何搞定跨部门项目

跨部门项目指的是需要多个部门一起完成的项目，项目成员分别属于不同的部门，涉及方方面面的利益。

负责并成功推进跨部门项目既是对小团队管理者的管理能力和资源整合能力的一大考验，也是团队业绩的重要体现。

9.1　令人头疼的跨部门项目

张涛是 A 集团总部培训部门的一名经理，他的团队负责整个集团一年一度的新员工培训项目。

届时，全国各地的专业公司精挑细选出来的数百名新员工将来到集团总部的培训基地，进行为期一周的集训。

这个项目需要培训基地的教学运营部门参与协作，该部门的负责人是王莉。

一想到做这个项目需要和王莉的部门协作，张涛就觉得有点头大。

张涛的团队去年做过这个项目，当时的项目负责人是他的下属小云。小云做得非常痛苦，经常向张涛抱怨教学运营部门的项

目成员不积极、不配合，运作这个项目本来就已经很吃力了，还要盯着他们的进度。最后，张涛不得不亲自参与这个项目的事务性工作。

与此同时，教学运营部门的负责人王莉也觉得张涛的团队很难伺候。

王莉认为，教学运营部门每年运营那么多培训项目，其中新员工培训项目最麻烦，一会儿要他们写宣传文案，一会儿要他们发通知邮件，有时已经很晚了，还会提醒他们发条朋友圈消息。

"凭什么呢？这是他们的项目，又不是我们的项目！"教学运营部门的员工愤愤不平，却又无可奈何，毕竟这个项目是他们部门躲不掉的本职工作。

虽然躲不过，但是他们自有一套熟练的应对技巧。

既然你要求多、事情多，那就只给你安排几个能力一般的员工，并且不减少他们平时的工作量。你向他们交代了什么，他们就做什么，你没交代的，他们绝对不会主动做。只要能在截止时间内把任务完成，你就没办法向上级投诉我不配合你的工作。

如果你是张涛，你会怎么做呢？

张涛遇到的是跨部门项目中的典型难题。如何认识跨部门项目中存在的挑战、破解跨部门项目实施过程中的难题、促使项目顺利运行，是本章重点探讨的话题。

9.2 认识跨部门项目

什么是跨部门项目？为什么跨部门项目很重要？

9.2.1 我们为什么需要跨部门项目

跨部门项目需要多个部门共同协作才能完成。在职场中，这类项目不太受欢迎，无论是管理者还是普通员工，一提起跨部门项目，往往都比较排斥。

管理者担心其他部门的员工不好管理、部门之间的利益不好分配。

员工担心不仅要和不熟悉的人合作，还要听多个部门管理者的指挥，工作量猛增。

在某些情况下，为了确保顺利完成重要项目，在项目开始时，管理者会从不同部门抽调人手组成一个临时团队，用管理正式团队的方式管理这个临时团队，以应对跨部门项目中的挑战。

你是否想过以下问题：我们为什么需要跨部门项目？与一般项目相比，跨部门项目的独特价值是什么？

哈佛商学院教授海蒂·加德纳经过详细的研究，找到了组织对跨部门项目青眼有加的两个原因。

第一，跨部门项目能使组织受益。

真实的调查数据表明，跨部门的整合服务项目带来的收入比单独服务项目的总和多得多，多种服务被整合到一起比单独售卖一种服务的利润多得多。同时，这种需要跨部门合作的服务会成为组织的核心竞争力，跨部门的整体解决方案能够满足客户的复杂需求。

这是跨部门项目在组织中占据重要地位的真正原因。

第二，参与跨部门项目能让员工受益。

由于要和不同专业、不同部门的人合作，需要接触客户的方方面面，因此，无论是员工的专业能力还是职业素养，都会在跨部门项目中得到锻炼和培养。

海蒂教授在研究中发现了一个情理之中的现象，即参与跨部门项目的员工的薪酬增长幅度和个人综合能力提升幅度远远大于其他员工。

通过海蒂教授的研究我们不难发现，无论是对组织利益，还是对员工的长期发展，跨部门项目都是利大于弊的。

与一般项目相比，跨部门项目的成功率之所以不高，是因为从开始到结束，跨部门项目中往往存在各种各样的挑战。

9.2.2 跨部门项目中存在的挑战

关于跨部门项目的由来，我们来看一个生动形象的故事。

一家小店坐落在荒山野岭之中。

在一个月黑风高的夜晚，一位侠客步履匆匆。赶了一天的路，他已经饥肠辘辘、口干舌燥，想吃上一碗香喷喷的瘦肉粥。

一进店门，侠客便朝店小二吩咐道："来一大碗瘦肉粥。"

店小二愣住了，因为店里一直单独卖白粥或肉，而且做白粥的人和做肉的人分别属于两个部门，向来各司其职，他们从来没有一起做过瘦肉粥。

店小二虽想拒绝，但看这位侠客武艺高强，就把情况告诉了掌柜。

掌柜不敢怠慢，急忙从做白粥的部门和做肉的部门抽调精干人员共同协作，做出了一碗美味的瘦肉粥。

侠客很满意，给足了掌柜银两。

掌柜从中发现了新的商机，开发了瘦肉粥这一新产品，推向市场后大受欢迎。

在这个故事中，"做瘦肉粥"相当于一个跨部门项目，既有销售人员（店小二），又有老板（掌柜），还有两个实施部门（做白粥的部门和做肉的部门）。

根据这个故事，我们来看一看跨部门项目中存在哪些挑战。

挑战一：信息共享。

如果招待这位侠客的店小二没有那么机灵，直接告诉侠客店里只能单独卖白粥或肉，可能就不会有白粥与肉的结合。

也就是说，如果客户需求的信息没有被共享给其他部门，合作就无法达成。

挑战二：跨专业配合。

如果肉的口感一般，那么，即使做白粥的工艺再好，瘦肉粥也不会好喝。同理，虽然肉做得好，但是做白粥的人技艺不精，同样会影响瘦肉粥的口感。

跨部门项目需要双方协作，如何确保双方的积极性和协作质量是一个大问题。

在现实中，为了避免出现互相推诿的情况，管理者一般会指定某个部门为主要负责部门。主要负责部门的主动性和积极性自然没说的，配合部门的积极性就难说了。

挑战三：利益分配。

在侠客买单后，两个部门争吵了起来，争吵的焦点是业绩到底属于做白粥的部门还是做肉的部门。

毫不夸张地说，利益分配是跨部门项目中最大的挑战。

在职场中，每个部门都有各自的业绩要求，即使两个部门是兄弟部门，让其中一个部门舍弃本部门的业绩，为另一个部门创造业绩，也几乎是不可能发生的。

一些公司的不同部门之间之所以尔虞我诈，往往是因为利益分配不均，合作前期甜言蜜语，合作中期压榨对方，合作结束后不兑现承诺，出了问题还想让对方背黑锅，这样注定无法做好跨部门项目。

面对这么多的挑战，我们应该怎样做好跨部门项目呢？

9.3 破解跨部门项目实施过程中的难题

从开始前到结束后,跨部门项目中的挑战一直存在。

项目开始前,如何促使其他部门为项目提供支持,并保持较高的积极性?

项目开始后,如何破解执行难题,确保项目顺利进行?

项目结束后,如何升华项目的价值,使本次经历成为日后类似项目的成功经验?

9.3.1 项目开始前:请对方协助,不如给对方利益

正如本章的管理案例中王莉部门的员工质疑的那样:"凭什么呢?这是他们的项目,又不是我们的项目!"

这句话道破了跨部门项目的关键。

即使你有出众的口才和高超的沟通技巧,或者你与其他部门的同事关系要好、讲"兄弟义气",本质上,各自的部门能否获得利益仍然是双方是否愿意共同运营跨部门项目的关键。

需要注意的是,我说的是跨部门项目,特指部门之间的协作,而不是日常工作中个人之间的协作,如请程序员调出一个数据、修改一个漏洞或请产品专家一起见客户等。

对于个人之间的协作,沟通技巧和"人情账户"是有效的。

部门之间的协作更注重实际利益,每个部门都有各自的业绩要求,自然要考虑投入产出比。

要想激发对方的合作意愿，就要给对方切实的利益。否则，即使你说得天花乱坠，也会被对方的一句话说得哑口无言："这对我们有什么好处呢？"

如何用利益激发对方的合作意愿呢？

你可以参照我总结的这套给对方利益的"三部曲"。

第一步，提高项目的价值。

在一般情况下，负责项目的这一方比较急切，因为跨部门项目对他们来说是重要项目。

对方之所以不积极，往往是因为跨部门项目对他们来说没有那么重要，尤其是考虑到投入人力、物力参与项目，结果只是"为他人作嫁衣裳"，积极性就更低了。

在本章的管理案例中，王莉负责的教学运营部门之所以不积极，是因为新员工培训项目对他们来说只是一个常规的培训项目，没有什么特别之处，自然不愿意多投入。

这一步的突破点是提高项目的价值，提升项目在对方心中的重要性，从而增加对方获得的利益。

张涛发现，新员工培训项目对培训部门来说虽然是一年一度的常规项目，但是所有分公司都非常重视这个项目，因为所有新员工都是分公司精挑细选出来送到集团总部的培训基地参加培训的。

无论是张涛还是王莉，他们的主要职责都是为分公司服务，服务口碑的好坏会影响他们的年终绩效考核。

能否在这上面做文章呢?

新员工往往对来集团总部参加培训充满向往,参与培训的积极性很高,因而这个项目比较容易形成好口碑。

换句话说,新员工培训项目比较容易出成果和被上级看见,这也是王莉负责的部门看重的。教学运营部门每年运营上百个培训项目,其中有亮点、有特殊分量的培训项目并不多,如果能够在比较容易出成果的新员工培训项目上有突出的表现,业绩自然会更好看。

在第一步,你要引起对方的重视,让对方知道跨部门项目是非常重要的项目,不能把它当成一次普普通通的帮忙。

第二步,承诺给对方利益。

这是非常关键的一步,意味着你愿意给对方需要的东西,既可能是金钱利益,也可能是部门绩效,还可能是成长经验。总之,你要了解对方最需要什么,并满足对方的需求。

在本章的管理案例中,王莉负责的教学运营部门最需要的是业绩——能让上级看见并写入年终绩效考核的业绩。

过去,新员工培训项目的业绩不属于教学运营部门。因为这个项目在名义上是由张涛所在的部门负责的,所以在上级眼中,这个项目的业绩自然属于张涛所在的部门。王莉负责的教学运营部门虽然也参与了这个项目,但是只负责具体事务。换句话说,在上级眼中,即使这个项目做得再好,也不是教学运营部门的业绩,因为该部门只是协助者。

既然要给对方利益，就要把他们从协助者变成负责者，如图 9-1 所示。

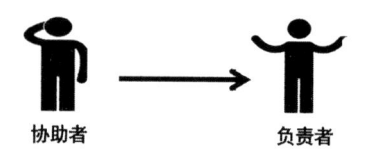

图 9-1　从协助者变成负责者

第三步，明确分工，给对方责任。

在给对方利益的同时，你还要给对方责任，这一点非常关键。

只有让对方负责实际的任务，对方才有可能做出能被上级看见的成果，并写入对方的年终绩效考核。

要想做到这一点，项目管理者可以先对项目进行详细的分工，把项目拆解成若干个任务模块，然后让不同部门的不同员工分别负责不同的任务模块。

这样，所有人都变成了负责者，而不是协助者。

只有成为负责者，员工才有可能做出看得见的成果。

张涛所在部门的项目经理小云把项目拆解成了多个任务模块，如策划模块、物料模块、讲师模块、邮件模块、班主任模块、考评模块等。

如表 9-1 所示，在项目筹备会议上，双方的项目成员明确了分工，每个人都有各自负责的任务模块，每个人都是负责者，每个人都有机会做出看得见的成果。

表 9-1 项目成员分工

任务模块	负责者	所属部门
策划模块	小张	培训部门
物料模块	小王	培训部门
讲师模块	小李	教学运营部门
邮件模块	小赵	教学运营部门
班主任模块	小孙	教学运营部门
考评模块	小钱	培训部门

在分工完毕后，不仅项目成员做出的成果有机会被看见，一旦哪个任务模块出了问题，也能立即找到负责者，有助于增强项目成员的责任感。

过去，你也许只会和对方说"这个项目非常重要""你一定要多多支持"。

现在，通过如图 9-2 所示的给对方利益的"三部曲"，你可以把跨部门项目变成对方的任务和责任，促使对方主动完成项目，大幅提高对方的积极性。

第一步 提高项目的价值
第二步 承诺给对方利益
第三步 明确分工，给对方责任

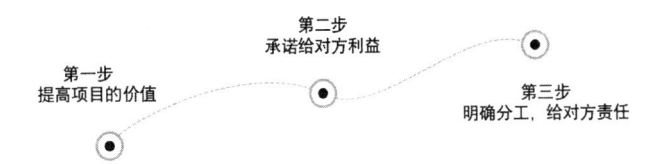

图 9-2 给对方利益的"三部曲"

提醒一下，按照上述"三部曲"给对方利益有一个前提，那就是你必须站在想让项目成功的角度，真心实意地给对方利益，而不是把它们当成表面上的说辞，实际上想的是压榨对方，甚至独享项目成果。

如果你真的这么想，那么你根本不适合做跨部门项目、做不好跨部门项目，其他部门也不会愿意与你再次合作。

9.3.2　项目开始后：确保执行效率的两个关键点

做过项目管理的人应该知道，如果无法确保执行效率，那么，即使前期筹划得再完美，一切也是枉然。

项目成员在前期往往积极性很高，在项目工作群里热火朝天地讨论，不停地召开项目会议，每个人都忙得不可开交。但是，如果没有清晰的项目管理，大家就会乱成一窝蜂，看上去热热闹闹，实际上并没有成果。

怎么才能让跨部门项目的实施过程变得清晰、有条理呢？

你需要关注以下两个关键点。

第一个关键点是运用项目管理工具。

你可以选择甘特图或任何顺手的项目管理工具，甚至是一张表格，只要它们能包含以下关键信息。

分解后的任务模块。

每个任务模块的负责者和协助者，确保责任落实到个人。

每个任务模块的开始时间、当前状态、截止时间。

你可以借助工具来管理项目，让每个项目成员都能清楚地了解项目的整体状况、不同任务模块的完成进度和接下来要做的事情。

第二个关键点是建立项目运行机制，主要包括以下3个方面。

1. 定期通报项目进展

项目成员可以定期（如每天、每周）通报项目进展，由项目管理者将其汇总到项目管理工具中，通报给所有项目成员，并抄送给项目成员的上级，让每个人都能清晰地了解项目的总体进展、当前的任务状态和接下来的任务内容。同时，如果某个任务模块发生了意外情况，有关人员也可以及时处理。

2. 设定权限

不同的项目成员拥有不同的权限，可以在各自的权限范围内做决策。对于超出权限范围的事情，项目成员应该知道向谁汇报。

例如，通知学员的邮件模板是由丽丽负责的。虽然丽丽的直接上级是王莉，但是该任务模块的审核人是张涛。也就是说，丽丽只需要向张涛汇报，不必经过王莉。这样可以最大限度地避免项目成员被多头领导，从而降低管理成本。

3. 阶段性鼓励

跨部门项目的周期往往比较长，部分项目成员可能在前期热情高涨，后期逐渐疲惫。项目管理者需要及时对项目成员进行阶段性鼓励，激发他们的工作热情。

项目管理者既可以设定里程碑事件，在达到某个里程碑阶段后庆祝一下，也可以设定固定时间（如在周五晚上组织团建活动），唤醒项目成员的活力。

在项目运行管理中，如果能兼顾建立项目运行机制的 3 个方面（见表 9-2），那么项目管理者基本上可以避免大多数混乱情况，确保项目的执行效率。

表 9-2 建立项目运行机制的 3 个方面

定期通报项目进展	确保项目进展一目了然，让项目成员清楚当前和接下来的任务
设定权限	权限清晰、责任明确，避免决策混乱和多头领导
阶段性鼓励	在项目后期、里程碑等阶段鼓励项目成员

9.3.3 项目结束后：兑现承诺、庆祝成功、总结经验

项目顺利结束并不意味着真正的结束。

对于跨部门项目，在项目结束后，项目管理者还需要做一些事情，以便让本次项目的成功成为未来更多项目成功的基础。

第一，兑现承诺，给对方切实的利益。

在项目结束后，项目管理者一定要兑现承诺（尤其是和利益

相关的承诺），切忌事后翻脸不认人，把承诺抛到九霄云外。那样不仅不利于以后的合作，也不利于项目管理者的个人形象。

如果对方需要业绩，那么项目管理者可以在上级面前为对方请功，突出对方的贡献，让上级把功劳一并记在对方的部门。

第二，庆祝成功，让每个人都收获满满。

经历了长达数月的跨部门项目，所有的项目成员都很辛苦，他们值得一场庆祝。

关于这一点，本章的管理案例中的项目经理小云做得很好。她把大家聚在一起享受了一顿美食，还在聚餐的时候专门设计了颁奖环节。当然，她颁发的不是正式的奖状，而是她给每一个项目成员准备的一张卡片和一份小礼物。卡片上写着温馨的话语，着重表扬项目成员在项目中的贡献。

例如，小云写给一个项目成员的卡片是这样的："你顶着38度的高烧奔走在培训一线，不仅按时完成了任务，还获得了学员的认可和讲师的称赞……"通过这种方式，每个人都觉得自己深深地参与了这个项目，而且收获满满。

庆祝成功可以巩固项目成果、总结项目成员的付出和收获，从而为以后的合作奠定良好的基础。

第三，总结经验，关注成长。

员工的成长主要来源于工作实践，不局限于课堂和书本。

对于员工来说，参与一个有挑战性的跨部门项目是一次难得的学习和历练机会，它对员工成长的意义远远超过一门课程。

项目管理者要珍惜这种难得的学习资源，在项目结束后及时召开项目复盘会，总结经验，帮助员工从项目中获得成长。

如果你做到了这些事情，那么员工不仅会感激你，庆幸他们拥有一个关心员工成长和进步的好上级，还会更加珍惜参与高难度项目的机会，在面对富有挑战性的任务时会更加积极。

9.4 本章小结

请读者回顾本章的管理案例，并解决其中的问题。

结合本章的内容，我相信你可以解决管理案例中的问题。跨部门项目问题的解决思路如图 9-3 所示。

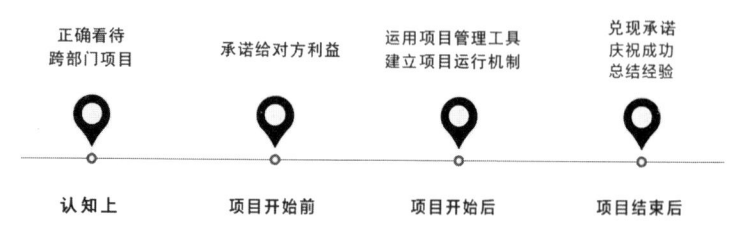

图 9-3 跨部门项目问题的解决思路

首先，在认知上，张涛要认识到跨部门项目对组织和个人都有利，既不应排斥它，也不应妄自尊大，而应正确看待跨部门项目中存在的挑战。

其次，在行动上，张涛不应压榨对方，而应基于双赢思维开展合作，不能只想着自己"吃肉"，给对方"喝汤"，而应考虑对方的切实利益。

在项目开始前,请对方协助,不如给对方利益,用利益激发对方的合作意愿。如果王莉能认识到新员工培训项目的业绩也是自己部门的重要业绩,她自然就会重视起来,从被动的协助者变成主动的负责者。只要解决了合作意愿的问题,其他问题就迎刃而解了。

在项目开始后,张涛应运用项目管理工具,并建立项目运行机制,确保权责清晰,避免决策混乱和多头领导,让项目更容易出成果。

在项目结束后,张涛应兑现承诺、庆祝成功、总结经验,及时召开项目复盘会,关注团队成员从项目中获得的成长,让本次项目的成功变成宝贵的经验和财富,为日后类似项目的成功奠定基础。

第 10 章　家庭小团队的管理

家庭也是一种小团队，我们可以用管理小团队的理念和方法"管理"家庭成员吗？

当然可以，关键是活学活用。

● 10.1　为什么要专门写本章内容

在写本章内容之前，我曾犹豫过，反复问自己："在一本介绍小团队管理的书籍中加入一章经营家庭方面的内容，有必要吗？"

经过仔细思考，我认为有必要。

一方面，家庭也是一种小团队，工作中的小团队管理者也是家庭中的"管理者"。

很多管理者处于上有老、下有小的人生阶段，是家里的顶梁柱，因为忙于工作或事业，无法把更多的精力花在经营家庭上。

我身边有不少优秀管理者，他们虽然在公司里一呼百应，是成功的团队领袖，但是家庭关系很糟糕，夫妻之间互相抱怨，孩子也缺乏管教，虽然住在重点学校的学区房里，但是孩子的学习一团糟，经常被老师批评。

另一方面，很多人希望、尝试改善家庭关系，却不得其法，一谈起改善家庭关系，就觉得需要学习很多心理学知识，这样的学习门槛直接劝退了很多人。

此外，还有一些管理者由于长期在公司里做管理，当惯了领导，因此试图用管理下属的方式号令家人，反而让家庭关系雪上加霜。

解决这些问题正是本章内容的价值所在。

我希望读者可以借助基础的管理知识、理念和方法高效地经营自己的家庭，而不需要学习和掌握过于复杂、专业的知识。

当然，绝对不能照搬，读者需要进行适当的调整。

10.2 如何"管理"爱人

夫妻关系是家庭关系的核心，要想让家庭小团队保持稳定、充满能量，我们首先要"管理"好夫妻关系。

10.2.1 重新进行角色定位

为什么要重新进行角色定位？

因为如果角色定位错误，其他的努力就没有意义。

在夫妻关系的角色定位上，有以下两个常见的误区。

第一个误区是把自己定位为上级，把爱人定位为下属。

有些人试图用管理下属的方式"管理"爱人，这种想法是行不通的，原因有二。

第一，在法理上没有依据。

法律规定，夫妻双方是平等的关系。

其中一方把自己当成上级、把对方当成下属，是名不正言不顺的。即使双方都认为其中一方更加强势，另一方也不会甘心当对方的附庸。

此外，越处于弱势地位的一方，心中积累的不甘和怨气往往越强烈。

第二，在实践上行不通。

如果夫妻中的一方把自己当成上级、把对方当成下属，就会经常对家庭大事自作主张，不和对方商量，这样很容易引起家庭纷争。

强势的一方总想教对方做事，希望对方改正缺点、有上进心、变得更好，却发现困难重重，双方都心力交瘁。

用管理下属的方式"管理"爱人是行不通的，这不仅在法理上没有依据，在实践上也行不通。

第二个误区是把爱人定位为合伙人。

有人说夫妻双方是平等的合伙人关系，我认为这种说法有明显的错误。

如果把爱人定位为合伙人，结果必然是夫妻关系破裂。

同意这种说法的人没有看到合伙人关系与夫妻关系的区别。

合伙人关系的本质是利益关系，因为有利益，所以有合作的可能。

夫妻关系的本质是生命和生命的连接，这种关系超越了利益关系，不能用利益衡量。

合伙人之间要讲利益，如果没有利益或利益分配不公，双方就不可能合伙开公司、做生意，即使彼此是好朋友。

相反，夫妻之间不能斤斤计较，不能凡事都算计利益得失。一旦开始算计，距离夫妻关系结束就不远了。

此外，合伙人关系是理性的，可以讲道理、讲逻辑。夫妻之间是讲感情的，感情最重要，讲道理、讲逻辑反而有可能伤感情。

讽刺的是，很多人在公司里讲感情、讲"兄弟义气"，一回到家，却和爱人计较付出和回报。

这些人把角色定位弄错了，无论是处理商业关系，还是处理家庭关系，都是一团糟，在公司里一团和气、绩效平庸，在家庭里斤斤计较、互相抱怨。

基于上述理由，我认为不能用管理合伙人的方式"管理"爱人，否则夫妻之间很容易计较得失，算计谁占便宜、谁吃亏，谁付出的多、谁付出的少，难以长期维持健康的夫妻关系。

用管理下属的方式行不通，用管理合伙人的方式不合适，我们到底应该如何"管理"爱人呢？

我的建议是，用向上管理的理念"管理"爱人。

10.2.2 用向上管理的理念"管理"爱人

如果你认真阅读了第 8 章的内容，你就会发现，用向上管理的理念"管理"爱人真的可以改善夫妻关系。

第一，向上管理的本质是支持上级。

还记得向上管理的本质吗？

答案是支持上级。

对应到夫妻关系中，我们可以理解为"管理"爱人的本质是支持爱人，始终与爱人站在同一立场。

你可以回想一下自己是否做到了这一点。如果你做到了，那么很多矛盾可以在无形中被化解，根本没有爆发的机会。

在这个前提下，处理夫妻关系会变得轻松许多，因为夫妻双方是一条心。

第二，理解上级，找准上级的需求。

我们要找准爱人的需求，包括表达出来的显性需求和没有表达出来的隐性需求。

在一般情况下，夫妻的隐形需求是有区别的。

妻子的隐性需求主要有希望被重视和希望被关爱。

丈夫的隐性需求主要有希望被崇拜和希望被理解，这也是为什么妻子有时候随口表扬丈夫一句"你太厉害了"，丈夫就能自我感觉良好，乐上大半天。

丈夫整日在外奔波，虽然事业上可能没有太大的进展，但是，只要能在回家后听到妻子说一句"我理解你"，丈夫就会感觉很温暖、能量满满。

遗憾的是，在现实生活中，很多丈夫经常听到的是"你看看人家××""也没见你赚了多少钱，天天忙得不回家"。如果你的丈夫很在意你的想法，那么没有什么能比这些话更打击一个男人的自尊心和自信心了。

第三，适应上级，而非改变上级。

这一点对应到夫妻关系中很容易理解，那就是要适应对方的风格甚至缺点，不要总想着改变对方，试图让对方适应自己。

如果你总想着改变自己的爱人，那么往往会感到失望，这还算比较好的情况。

更糟的情况是，不仅你会感到失望，对方也会抱怨，甚至导致夫妻关系破裂："既然你认为我这也不好，那也不好，那就去找你认为好的人过日子吧！"

适应爱人，而非改变爱人，这是生活的智慧。

第四，在不赞同上级的时候，有话直说、有话好好说。

这一点对应到夫妻关系中，不是不能向对方提意见，而是要有话好好说。

怎么有话好好说呢？

向上管理的方法中提到了3个"好"：一是要有好的态度，

不要情绪化；二是要有好的立场，让对方知道你的立场和对方的立场是一致的，提意见是为大局考虑；三是要有好的建议，尽量不要只提反对意见，最好能提供解决办法，为对方分忧。

你可能质疑："为什么在夫妻关系中不能把自己当成上级、把对方当成下属，却要把对方当成上级、把自己当成下属呢？"

需要澄清的是，我不是让你把爱人当成上级，而是用向上管理的理念让你与爱人更好地相处，更好地处理你们之间的摩擦和冲突。

用向上管理的理念"管理"爱人，这不是让你做小伏低，而是让你主导夫妻关系，并把夫妻关系变得更好。

如果你怀疑像上面那样做是否有效，那么，接下来我会结合具体场景介绍一些实用的方法。

10.2.3　爱人爱发脾气怎么办

我的爱人以前很爱发脾气，经常稍不留意就生气了，突然提高音调，开始吼我。

一开始，我愤愤不平，告诉她我从小就是让爸妈省心的乖孩子，上学时是成绩优秀的好学生，工作后连续几年被评为优秀员工，我长这么大从来没有被人这样吼过。她年龄比我小，既是我的师妹，又当过我的下属，不应该这样吼我。

听到这样的话，她在心平气和的时候会说她知道不该吼我，但就是忍不住。

不过，在更多的时候，她会没好气地说："谁让你笨呢？不吼你吼谁？"

她吼我的结果只有两个：一是我反击，变成两人吵架；二是我忍气吞声，憋得胃疼。

我曾尝试过反击，甚至说过离婚的狠话，以期她能认清我的底线——我不喜欢别人吼我，希望她能收敛一些。

然而，我的反击全部以失败告终。最严重的一次，我们俩在过年时冷战了好几天，当我发现她宁肯不吃饭，一个人在房间里哭，也不向我认错道歉时，我就知道我的底线还是太高了。

这样的她一度让我束手无策。

我既试过用管理下属的方式"管理"她，明显行不通，也试过用管理合伙人的方式"管理"她，和她讲道理、讲逻辑，甚至警告她"如果你对我一直是这种态度，总有你后悔的一天"，结果更加惨烈。

后来，我抱着试试看的心态，采用了向上管理的理念，竟然破解了这个难题。

基于向上管理的理念反思我之前的处理方法，我至少犯了以下两个错误：第一个错误是立场有问题，我不但没有支持她、和她站在同一立场，反而敌视她；第二个错误是方法有问题，我试图改变她，而不是主动适应她。

爱人爱发脾气、经常吼我，这是她的缺点。而我的错误是对她产生了敌对情绪，并试图强行改正她的缺点。

我应该怎么对待爱人的缺点呢？

很简单，就像对待上级的缺点一样，不要试图改正对方的缺点，而要适应、弥补。

想通了这一点，我心里的气一下子就消了。

她吼我，我不但不动气，反而嬉皮笑脸地哄她开心。

这既不是脸皮厚的表现，也不是我没有男人的自尊，而是我主动做出的选择，是我对待爱人的缺点的策略。

在我改变策略后的一周，我们一起去社区卫生所给儿子打流感疫苗。我提前在网上约了号，也查了疫苗库存，没有显示缺苗。到了社区卫生所后，我们却被告知没有流感疫苗。

我爱人一下子就生气了，问我怎么不提前查一查疫苗库存。我辩解说查了疫苗库存，没有显示缺苗。

她不依不饶，回到车上后还在没好气地说我。我感觉自己也快生气了，想发脾气。

就在这时，我意识到应该用向上管理的理念说服自己：首先，我的立场是支持她，而不是敌视她；然后，我要做的是适应她，而不是改变她。

这样一想，我一下子就冷静下来了。

我打哈哈地说："对，是我太笨了，没有查清楚，怪不得我妈说咱家就数媳妇你最聪明、最能干。"她听后扑哧一笑，问我："你妈啥时候说的呀？"

10分钟后，在下车的时候，我们的气都消了，等上楼回到家里时，就像从来没发生过这件事一样。

这在以前根本不可能，要么我忍住了，一个人生闷气，要么我没忍住，和她吵一架。

自此之后，我们很少再吵架。

虽然她有时候还是会发脾气，但是我已经能够游刃有余地应对了。我甚至觉得这不是她的缺点，而是她的风格。有时候，看她气呼呼地说一些没有道理的话，我还觉得挺可爱的。

当然，我不是傻站着看。如果只是情绪问题，那么我会好好哄一哄她、开导开导她。

如果她真的遇到了难题，我就会帮她解决这些难题。这也是向上管理的重要理念。

10.2.4 爱人不做家务怎么办

我经常听到一些女性同事或女性朋友抱怨丈夫什么家务都不做，养育孩子已经够忙、够累的了，还得伺候丈夫。丈夫一点家务都不做，工作上也没看到他做得多出色，真是太懒了！

作为一名男性，我知道社会评价往往对男性比较宽容。我只要稍微做一些家务、带一会儿孩子，就经常被人夸"好丈夫""好爸爸"。

作为妻子，应该如何解决丈夫不做家务的问题呢？难道就继续心怀不满地忍受下去吗？

我们可以借用向上管理的理念，看一看能否解决这个问题。

首先，不要敌视对方。

"心怀不满"意味着妻子在敌视丈夫，这与向上管理的理念是相违背的。

其次，提意见要有话直说、有话好好说。

如果妻子希望丈夫帮自己分担家务，就应该好好和丈夫说。

第一，要有好的态度。妻子不应带着负面情绪，而应用理性和积极的态度告诉丈夫，这是一个需要解决的问题。

第二，要有好的立场。妻子可以告诉丈夫自己是支持和肯定他的，而不是否定或批判他的，这样丈夫才能听进去妻子说的话。

第三，要有好的建议。妻子可以明确告知丈夫他应该分担一些家务，至于具体怎么分担，妻子可以先制定规则和流程，再教丈夫怎么做，把任务分配清楚。

如果能做到以上两点，丈夫不做家务的问题基本上就可以找到突破口了。当丈夫开始做家务之后，要想让丈夫养成习惯，妻子可以在丈夫做完家务后立即做一件事——夸赞他。

"你太能干了！"

"你太厉害了！"

"你把这个电风扇洗得这么干净，我太崇拜你了！"

虽然这些话听上去像哄孩子和骗人的话，但是的确能把男人夸得心花怒放。

为什么会这样呢？

这和男人的隐性需求有关。

男人对爱人的隐性需求往往有两种：一是希望被崇拜，二是希望被理解。

即使所有人都觉得一个男人不够好，他也希望自己在妻子眼里是最好的。

即使所有人都觉得一个男人选择的事业是错的，他也希望得到妻子的理解和支持。

如果丈夫做了妻子希望他做的事情，妻子一定要夸赞丈夫。即使夸赞的话听上去很夸张，也是有效的。

此外，我想替广大男同胞解释一下，有些男人之所以不做家务，并不是因为懒惰。

为了工作，他们能起早贪黑、加班加点；为了收入，他们能不辞辛劳地应酬，甚至喝坏身体；为了业绩，他们能对客户百依百顺……这样的男人，你能说他们懒惰吗？

他们可能只是不擅长做家务，就像如果我不会打高尔夫球，我就不会主动去打一样。

因此，我在上述建议中提出，如果妻子希望丈夫做家务，就把丈夫需要做的家务说清楚，不要期望他有"眼色"。

"主动发现需要做的家务"这件事超出了一些男人的认知范畴，即使是妻子认为非常简单的家务，他们也可能做不好。

例如，我总是做不好晾衣服这件小事，我晾晒的袜子干了以后皱巴巴的，而妻子晾晒的袜子干了以后很柔顺。

为此她经常说我，我心里也委屈，她没教过我怎么晾衣服效果更好，我哪里知道晾衣服也有那么多小技巧？

10.2.5　怎么做可以让爱人更爱我

向上管理的理念中提到，如果想理解上级，就要分析上级的需求，包括外在的显性需求和内在的隐性需求（后者尤其重要）。

对待爱人也是如此，我们分别看一看男女对爱人的隐性需求。

先看女人，女人对爱人的隐性需求是什么？

一是希望被重视，二是希望被关爱。

这给广大男同胞的启示是，千万不要忽略妻子，不要让妻子觉得你不关爱她。

什么叫"忽略妻子"？

妻子反复说了很多遍的要求，丈夫听不进去；丈夫做重大决定不和妻子商量，不考虑妻子的感受。这些都是忽略妻子的表现，是很多妻子无法忍受的。

什么叫"不关爱妻子"？

妻子犯了个错，丈夫不依不饶地讲道理，这就是不关爱妻子的表现。

"不要和妻子讲道理"这句话指的就是这个意思。丈夫对妻子讲道理，义正词严，把她批得体无完肤，有什么好处呢？

她心里要么委屈，觉得你爱"正义"胜过爱她，要么生气，觉得你为了让她认错竟然搬出这么多大道理。

"我知道你有很多道理、原则、底线，但我希望这些要求对我无效，我是例外，这证明我是特别的。"这番话道出了很多妻子的心声。

再看男人，男人对爱人的隐性需求是什么？

一是希望被崇拜，二是希望被理解。

要想满足丈夫的隐性需求，妻子需要做的事情特别简单。

第一，多夸赞他。

我曾对一个女同学提过这个建议，她说："他已经自我感觉良好了，我还夸他，我怕他骄傲。"

其实，男人没那么傻，只要妻子能夸他、表现出对他的崇拜和赞美，他就心满意足了。至于其他人怎么看他，他心里很清楚，他只是希望爱人崇拜自己、觉得自己是独一无二的。

"老公，你真厉害！"

这句话虽然只有6个字，但是拥有改变一个男人的精神面貌的魔力。

第二，理解和支持他的事业。

我曾在我家附近的广场上围观过区消防员的集体婚礼。新娘代表在致辞时的一句话打动了我，她说："即使知道你面临危险，无法照顾家庭，我依然坚定地理解和支持你的事业。"

对于男人来说，爱人的理解和支持太重要了。

"老公别担心，无论如何我都会支持你的""我理解你的选择"，这是他们最想从爱人口中听到的话。

10.2.6　凭什么每次吵架都是我先认错

在生活中，"凭什么每次吵架都是我先认错"的意见通常是男人提出来的，我也时常听到一些哥们这么抱怨。

我对他们说："那你就去认错呗。"

他们说："我没错，她怎么不认错？"

上文提到过，女人的隐性需求之一是希望被关爱。在吵完架后，如果丈夫能主动认个错，哄一哄妻子，就能满足妻子的这种隐性需求，丈夫不应错失良机。

他们又说："我没错，让我认错岂不是颠倒是非？这么大的人了，她没有是非观念吗？"

我说："夫妻之间，除了背叛等原则问题，哪有那么多大是大非？千万别把认错上升到道德层面，其实她就是不高兴了，需要你哄一哄而已。"

他们继续说："这样多没面子呀！整天低声下气的，我身为男人的尊严何在？"

我说："你得转变认知，让妻子向自己认错并不能增加你的男子汉气概。相反，通过柔性手段化解家庭矛盾、拉近夫妻关系，更能体现你的领导力和你对人才的驾驭能力呀！"

说到这里，大多数男人已经能想通了，在气消了之后会主动认错，哄一哄妻子。

不过，有些男人还是不愿意这么做。

我们可以想一想，在向上管理的理念中，对于这种情况是怎么处理的呢？

上级生下属的气，对下属而言，最好的处理方式既不是和上级对着干，也不是放任不管、冷处理，而是主动和上级沟通。只有这样做，下属才能占据主动地位。

夫妻关系也是如此。我建议用向上管理的理念"管理"爱人，看起来好像是让你把自己放在比较低的位置。实际上，这是以退为进，你可以有更大的操作空间，不必被客观条件或爱人的情绪牵着走。

我的出发点是让你主导夫妻关系，并把夫妻关系变得更好。

在商业活动中，成熟管理者不会让自己处于完全被动的地位，尤其是在出现问题时，他们一定会"主动出击"、解决问题。

总而言之，用向上管理的理念"管理"爱人是你主动选择的策略，放低姿态并不意味着抛弃自己的尊严。

10.3 如何"管理"孩子

有人说应该把孩子当成下属来"管理"，这种说法有一定的道理。

如果你有孩子，那么你应该能发现，教育孩子和管理下属有很多相同点，当然也有不同点。

关键的不同点是，对于下属，你最看重的是绩效产出，至于下属能否获得成长和进步，虽然重要，但是不是最重要的。

对于孩子，你最看重的是孩子的成长，希望孩子变得更好，学会新的技能，养成良好的习惯，从错误中吸取教训，从成功中积累经验，保持身心健康，活得快乐。

10.3.1 培养孩子，而不是管控孩子

我原以为这是常识，无须赘述，直到看到新闻中曝光的一个个"巨婴""妈宝男""妈宝女"，结合身边的一些例子，我逐渐明白了一个道理——好为人师是人的天性。

如果不是有意克制，很多家长会忍不住管控孩子、帮孩子做事，就像管理者忍不住替员工做事一样。

要想改变这种错误的观念，家长可以从以下3个方面着手。

第一，家长要转变角色认知。

家长需要像新任管理者一样转变角色认知，认识到自己不是孩子的拥有者，而是培养者。

家长是独立个体，孩子也是有自己的思想和自主意识的独立个体。

在这个层面，双方的地位是平等的。家长不应把自己的意志强加给孩子，不应过度评判孩子。

例如，某些家长看到孩子做错题就说孩子笨；看到孩子犯错

就说孩子不听话；带着孩子和朋友一起聚会，当着众人的面说孩子不像××一样每天看会儿书。

过度评判孩子的后果是，衡量孩子的标准被掌握在家长手中。

家长说孩子好，孩子就好，家长说孩子不好，孩子就不好。这样会让孩子在成长过程中养成过于看重他人评价的习惯，不利于自我意识的发展。

小时候的我就是一个"受害者"。

为了成为爸妈口中的"乖孩子""孝顺孩子"，我在初中读寄宿学校时想给家里省钱，经常只吃从家里带来的冷馒头，而且不吃晚饭，10块钱的生活费我能用3周。

成年后，我经常后悔自己小时候太傻，因小失大，耽误了生长发育的关键期，导致我的身高不太高，抵抗力也一直不太好。

第二，划清界限。

家长要清楚哪些事情是孩子的事情，家长可以协助孩子，但不能代替孩子完成。

从我女儿上小学开始，我就和她说得很清楚，学习是她的事情，不是家长的事情，她要对自己的学习成绩负责。考得好，她高兴，我也高兴；即使考得不好，我也不会惩罚她，因为这是她的事情。

有些家长会在学习上和孩子谈条件，如孩子想做某件事情，家长会说"如果你能考到90分，我就答应你"。

这种做法实际上是把孩子的事情当成了家长的事情,孩子会认为学习是家长关心的事情,不是自己的事情,学习是为家长学的。

除了学习,其他事情也是如此,如让孩子收拾玩具、收拾自己的房间等。家长要适当地给孩子安排一些他们能够负责的事情,这样不仅可以让孩子树立自己能做好某件事情的信心,还可以培养孩子的责任感。

我女儿很喜欢狗,在她7岁时,她妈妈给她买了一条小泰迪。在买狗之前,我们和她谈好了条件,这是她的狗,她要负责照顾它,我们虽然可以帮忙,但是不一定总有时间。

从那以后,我女儿就不愿意出远门了,甚至过年回老家也不愿意了,理由是担心自己的狗没人照顾。有一次,我在周末带她出去旅游,她晚上特意给妈妈打电话,不厌其烦地交代妈妈记得喂狗、遛狗……她当时只是一个8岁的孩子呀!

当然,这需要一个过程,她没有把自己养的所有动物都照顾得很好,由于没照顾好而死掉或逃走的动物也有一些,如死过一只猫和很多蚕、逃走过一只仓鼠、飞走过一只鸟。

对于这些问题,我们不会深究,因为动物是她养的,由她负责,我们只关心她能否从中吸取教训、获得成长。

第三,家长要认识到孩子犯错在所难免。

家长可以把孩子的每一次犯错当成学习和成长的机会。

对于培养下属,本书提倡管理者不要害怕下属犯错,甚至有时候，管理者可以"允许"下属把某件事情搞砸（前提是下属能够从中获得成长）。

同理，家长也不要因为害怕或担心孩子犯错，就对孩子严加管控。

正确做法是让孩子承担犯错的后果。例如，孩子早上赖床导致迟到，家长没有必要批评或责骂孩子，可以提前和孩子说清楚，上学是自己的事情，迟到的后果要自己承担，如被老师罚站、罚做值日等。

又如，孩子偶尔有一次没有完成作业，家长不用急着催孩子，等到被老师批评后，孩子自然会意识到自己犯的错误要自己承担后果。

我遇到过一些家长，他们之所以对孩子迟到、没做作业等错误大发雷霆，是因为老师是在家长群里通知的，他们觉得丢脸。这些家长陷入了一个误区，他们把孩子的事情当成了自己的事情。

家长应让孩子承担他们应该承担的责任。如果孩子确实承担不了，家长再替孩子承担也不迟。

10.3.2 用激励来引导孩子对学习"感兴趣"

第 6 章介绍了激励因素中的 3 个动力因素，分别是价值感、成就感和成长机会。如果员工能够从工作中获得它们，就会对工作更有热情，也更能从工作中获得满足感。

这个原理同样适用于激发孩子对学习的热情。

我女儿在刚上一年级的时候不喜欢做作业，经常被我们催好几次才做，而且在做作业的过程中不够专注，磨蹭很长时间。

我知道这是因为她没有养成做作业的习惯，心里虽然不是特别着急，但是也不希望她讨厌做作业、把学习当成"敌人"。

于是，我有意引导她感受完成作业带来的"我做到了""我完成了作业"的成就感，通过这种方式减少她对做作业的排斥。

那时候，她认识的字比较少，在做作业时需要让家长读题目。读完题目后，我会在旁边看着，耐心地等着她慢慢思考。在她做完每一道题后，我都会和她击掌，对她说："太棒了！你又完成了一道题！"

在她把作业全部做完后，我虽然能感受到她的放松和开心，但是还是会特意引导她一下："你把作业都做完了，有什么感觉？"

她通常会说："很高兴，很放松。"

这时候，我会再次让她确认这种感觉，告诉她："这就是完成作业带给你的开心和高兴，恭喜你，你现在可以自由自在地玩耍了！"

听到我这么说，她就会开开心心地拉起滑板车出门玩耍。

在考试结束后，我也会注意激励她，而不是评价她考得怎么样。

我一般会问她考了多少分，无论成绩如何，我都不会评价，只会问她:"你对自己的成绩满意吗?"

她有时候回答"满意",有时候回答"不满意"。

无论是哪一种回答,我都会把话题引到付出与收获上。

假设她的回答是"满意",我们得出的结论通常是她的努力没有白费。

假设她的回答是"不满意",我们得出的结论通常是这个成绩有点对不起她每天起那么早去上学、上那么多课、做那么多作业。

这样做是为了让她明白,学习就是先有付出,再有收获,这样才会感到快乐。

我女儿很喜欢吃冰激凌。有一次,我带她去吃冰激凌,在她吃的时候我问她:"你觉得吃冰激凌更快乐,还是考 100 分更快乐?"

她回答:"当然是考 100 分更快乐了。"

我问她为什么,她回答不上来。我慢慢引导她:"是不是因为考 100 分需要非常努力学习才能做到,而吃冰激凌不需要努力呢?"

我经常用这种方式让她明白学习与快乐之间的关系,目的是让她感受完成学习任务或实现学习目标所获得的成就感,进而让她对学习"感兴趣"。

为什么这里的"感兴趣"要加上引号呢?

因为我认为这不是真正的兴趣,而是成就感。

我也曾试过让孩子真的对学习感兴趣，后来发现这是一个很大的误区。孩子很难真的对学习感兴趣，尤其是在学习成为任务的时候。

不过，孩子对学习不感兴趣不代表孩子不能从学习中感受到乐趣。

大多数兴趣只是单纯的玩耍和娱乐，如刷了半天短视频，不一定感到多快乐，最多感到有些放松，可能还有一丝空虚感。

家长与其希望孩子对学习感兴趣、让兴趣成为孩子最好的老师，不如激励孩子，让孩子通过完成学习任务获得成就感，从学习中获得快乐、发现乐趣。

要想获得成就感，我们一定要付出。如果没有付出，就不会获得成就感。

不只是学习，基于这个原理，家长还可以设置一些富有挑战性的任务，带领孩子一起完成，引导孩子获得成就感。

例如，家长可以带孩子爬山，让孩子感受登上山顶时的喜悦；鼓励孩子学弹钢琴，让孩子感受到自己一次比一次弹得更悦耳的进步。

总而言之，家长要引导孩子感受完成作业（也可以是其他有挑战性的任务）带来的成就感。

如果孩子能做到这一点，就可以逐渐树立自信，更重要的是，孩子可以从看似枯燥的学习任务中体会到"我做到了"的成就感。

需要提醒的是，如果完成作业对孩子来说已经不算什么难事，家长就不需要继续用这种方式激励孩子了，可以换成其他富有挑战性的事情。

10.3.3　用反馈来帮助孩子改进

我们来回顾一下反馈的类型，反馈分为强化型反馈和改进型反馈。强化型反馈指的是对他人做得好的地方进行反馈，使其强化正确行为。改进型反馈指的是对他人做得不好的地方进行反馈，帮助其改正错误。

在帮助孩子养成良好的习惯方面，我建议家长使用强化型反馈。

强化型反馈的关注点是行为。例如，孩子考得好，家长不要只夸孩子"你太棒了"，而要关注孩子的行为，可以夸孩子"这次考试你一定很细心"。

我女儿在刚上一年级的时候没有养成主动做作业的习惯，经常需要家长多次提醒。

如果某一天我只提醒了一次她就去做作业了，我就会对她说："你今天很有进步，我只提醒了你一次你就去做作业了。"

这样重复了几次，有一天，她在我没有提醒的情况下主动提出要做作业，我在睡前专门找机会对她说："今天爸爸没有提醒你，你就主动完成了作业，我为你的进步感到非常骄傲！"

刚开始，她做不到每次都主动做作业。一旦她做到了，我就会及时给予肯定和认可，强化这种正确行为。

大约一个月左右，她就养成了主动做作业的习惯。

强化型反馈的实质是家长一旦发现好的苗头，就赶紧帮孩子强化正确行为，让孩子把优点固化下来、"收入囊中"。

女儿自上小学后有了家庭作业，在刚开始做作业的时候，遇到比较难的作业，她经常着急。

有一次，我对她说："你比以前有进步了，我注意到你今天做作业只着急了一次，你是怎么做到的呀？"

她想了想说："因为今天遇到不会的地方我先想了想，发现我会做，所以就不着急了。"

我引导她："原来是因为发现自己会做就不着急了呀！"

她点点头说："对啊！"

大约一两周后，她就完全纠正了做作业时经常着急的缺点。

在此期间，如果我只盯着她的缺点，没有及时对她进步的苗头进行强化型反馈，她就很难主动养成正确的行为习惯。

可惜的是，一些家长往往只看到孩子的缺点和不足，认为"失败是成功之母"。事实上，成功更有可能是成功之母。

有一天，我在图书馆写作，对面坐下来一对父女，手里拿着小学二年级的课本。我当时想：像这样愿意专门辅导孩子做作业的爸爸应该不多了。

但我听了一会儿就受不了了，因为那个爸爸所谓的"辅导"

完全就是指责，他一会儿说"赶紧写"，一会儿说"你扭来扭去干什么"。

后来，那个爸爸出去了一会。

回来后，他看着孩子写完的满满一页纸，虎着脸说："我说过多少次了，你就是不听，字要写工整一些，你看看你写的，全部重写！"

坐在他们对面，我很心疼那个孩子。我女儿那时也读小学二年级，她早已养成自主做作业的习惯，我从未有过操心孩子的作业这种烦恼。

在我看来，那个孩子之所以没有养成自主做作业的习惯，和她的爸爸一直用"监管"的方式辅导她做作业不无关系。

至于字迹不工整的问题，低年级的学生在所难免，家长需要慢慢纠正。

一开始，我女儿的字迹很不工整。记得有一次，我看到她的语文作业本，字确实不好看，但我找来找去，还是找到了亮点。

我问她："这个'人'字的'丿'写得真好看，你是怎么写出来的呀？"

我一边说，一边把作业本拿到她面前，父女俩一起欣赏一行"人"字的"丿"。

我又问她："你看，这一行'人'字是不是排列得特别整齐，像印在书上的一样？"

接着，我感叹道："如果其他字都能像这个'丿'一样好看，其他行都能像'人'字这一行一样整齐，就太有美感了！"

就是这些听上去有点像"拍马屁"的话一直鼓励着她，她的字迹越来越工整，还经常被老师夸"书写整齐"。

用强化型反馈来帮助孩子改进的关键点是，家长要及时发现孩子的行为中值得鼓励的苗头。

即使这个苗头很小，家长也要抓住它，欣赏、鼓励孩子，而不是只盯着孩子的缺点。只有这样，孩子才有可能强化正确行为，并在同样的情境中重复这种行为。

如果孩子真的犯错了呢？

家长可以使用第二种反馈，即改进型反馈。

改进型反馈的关键点是，家长要基于事实，避免情绪失控，让孩子明白什么事情是错的、什么事情是不可以做的，并解释为什么，从而帮助孩子改进。

在女儿5岁的时候，有一天，我的外甥墩子来家里找女儿玩。

女儿不想把一些自己喜欢的玩具给他玩，所以有点郁闷。在吃饭的时候，发现我把好吃的东西夹给了墩子，她还有点"吃醋"。

我默默看在眼里，一时想不到反馈的办法，也不能当众批评她，就什么都没有说。

直到想通了以后，我才向女儿反馈："爸爸是不是管墩子的妈妈叫姐姐？这说明我们是一家人，爸爸是姑姑的家人，你也是墩子的家人，家人之间就是要互相帮助、互相照顾的。"

她听懂了我的话，自那以后，她开始愿意把很多东西分享给墩子。我知道这不是因为她变大方了，而是因为她的认知转变了，她把墩子当成家人来看待了。

在对孩子进行改进型反馈的时候，家长要注意控制情绪，把孩子的每一次犯错当成学习和成长的机会。

10.4　从管理的视角看待晚辈和长辈的关系

很多小团队管理者有自己的家庭，如果有孩子，长辈可能需要帮忙带孩子。本节内容针对的就是此类场景。

10.4.1　重新进行角色认知

角色认知分为以下两个方面。

第一个方面是认知长辈的角色。

从管理的视角来看，长辈在家庭中应该是什么样的角色呢？

很多人可能想当然地认为，长辈应该是"上级"的角色。我认为这样不妥，理由很简单，在大多数家庭中，夫妻关系是家庭关系的核心。如果把长辈当作"上级"，那么是否意味着所有家庭大事都要由长辈做主呢？

这样很容易导致家庭矛盾。在生活中，类似的现象屡见不鲜。

如果把公公和婆婆当作"上级"，那么家庭中通常有一个备感压抑的儿媳妇。

如果把岳父和岳母当作"上级",那么家庭中通常有一个备感压抑的女婿。

这两种情况既不利于夫妻关系,也不利于家庭关系。

我认为正确的模式是,在晚辈的家庭中,长辈是协助者的角色,他们可以帮助晚辈处理家庭事务,或者是需要被晚辈照顾的角色。无论长辈是哪一种角色,都不应过度干预晚辈的家庭。

也就是说,在晚辈的家庭中,长辈不应占据主导地位。

第二个方面是认知晚辈的角色。

当晚辈组建了自己的家庭之后,晚辈和长辈的关系会发生转变。从某种程度上来说,晚辈和长辈的关系变成了两个家庭的关系。

晚辈不应把自己当成未成家的孩子,不应把长辈对自己的照顾当成是理所当然的,和长辈说话不应像以前那样任性、缺乏耐心、随意发脾气,否则容易惹长辈伤心。

正确的做法是,晚辈要认识到双方关系的转变。长辈有自己的家庭和晚年生活,牺牲自己的时间,甚至离开老伴独自一人到远方的城市照顾晚辈的家庭,这不是长辈的义务,而是他们的选择。

如果能从管理的视角来审视,晚辈就会发现,自己根本没有权力对长辈过分挑剔。相反,晚辈需要更多地表现出对长辈的尊重和感谢。

晚辈和长辈的正确关系应该是这样的：一方面，长辈不应该继续占据家庭中的主导地位；另一方面，长辈不辞辛劳地照顾晚辈的家庭，晚辈应该给予长辈应有的尊重和感谢。

10.4.2　怎么做才能让辛劳的父母更开心

小王、丈夫和公婆一起住。在女儿出生后，小王休完产假就上班了，全靠婆婆帮忙带孩子。此外，婆婆还要给全家人做饭、做家务。

有一次，婆婆向别人抱怨自己太累了，每天要干那么多活，小两口回到家啥也不干。

但是，过了一阵，小王的婆婆又充满了动力，继续不辞辛劳地照顾一家人。

原来，上周日是母亲节，小王和丈夫在周日晚上特意组织了一个聚会，还买了鲜花和蛋糕，一起为婆婆庆祝母亲节。

在聚会的高潮，小王动情地举起酒杯对婆婆说："我们俩平时忙于工作，没有时间照顾女儿，都是您在照顾，还给我们做饭、做家务。虽然我们平时不说，但是都默默记在心里，非常感谢您的付出。今天我被领导表扬了，领导还说我今年升职有望。我知道这不仅是因为我工作努力，还和您的付出分不开。谢谢妈，祝您母亲节快乐！"

婆婆非常感动，觉得自己的付出是值得的。她特意拍了照片发到朋友圈里，引来了一大堆朋友的点赞和羡慕。

这是一个真实的故事，故事中的小王是我的朋友，我也看到了她婆婆发的朋友圈，着实羡煞旁人。

我想通过这个故事告诉大家的是，儿女要看到父母的付出，不要对他们的付出习以为常，觉得是理所当然的，适当的认可和感谢会让他们觉得自己的付出是值得的。

当母亲做好一桌饭菜时，儿女不要说没有胃口、不想吃，而要说特别好吃。

当父亲给孩子买了一个玩具时，即使那个玩具已经过时了，儿女也不要说出来，而要对孩子说"爷爷的眼光真好，这个玩具真酷"。

如果你认真阅读了第6章的内容，你就会发现，这里用到的是激励的原理——肯定和认可对方，让对方体会到成就感和价值感。

随着年龄的增长，父母会越来越担心自己没用，怕自己没有价值，成为儿女的负担。

儿女一定要认可父母的价值，这样会让他们更加快乐、开心。

10.4.3　为什么父母宁肯做清洁工也不要儿女的钱

小胡是我的同事，他对我说，他父亲已经60多岁了，在老家住，每天起得很早去马路上做清洁工。虽然这份工作算不上特别辛苦，但是对一个老人来说也不容易，而且工资很低，一个月只有1000多块钱。一开始，父亲做这份工作是瞒着小胡的，小胡知道后很生气，让父亲把这份工作辞了，并对父亲说，如果没钱就告诉他，他会每个月按时给他养老钱，肯定比做清洁工的工资高。但父亲就是不同意，这让小胡很生气，不理解父亲为什么宁肯自己劳累，也不要他的钱。

经过了解，我发现小胡家的情况并不特殊。

例如，我朋友老张的父母来广州给老张带孩子。孩子大了以后，有老张的母亲一个人带就够了。老张的父亲闲不住，强烈要求去小区附近的商场做保洁人员。

又如，有一次在小区楼下聊天时，负责垃圾分类的阿姨说，虽然她的儿女都很有出息，她也在拆迁时分了两套房，吃穿不愁，但是她就是想找点事情做，不想在家闲着。

为什么即使家里不缺钱，父母也想出来工作呢？

其实，他们是为了寻找价值感。

你有没有经历过连续几个月没有工作的情形？我曾经在辞去第一份工作后有接近一个月的空档，在那一个月里，我没什么事情做，按说应该开开心心地享受假期才对。一开始，我确实是这么做的，看了很多部电影，在别人上班的时间坐在阳台上晒太阳。

但是，没过多久，我就开始感到不安了。

虽然我表面上过得很轻松，但是心里逐渐产生了空虚感，觉得自己在虚度光阴，无法获得真正的快乐。

空虚感意味着价值感的缺失。我认为人应该工作、劳动，除了能赚钱，更重要的是，这些行为会增强人的价值感，让人觉得自己有能力，自己是一个很有用的人。

上文反复强调，管理者不应该剥夺员工的价值感，不应轻易对员工说"算了，就这样吧""唉！还是我来吧"。

这些话看似出于关心，实则暗含鄙夷和否定的意味，员工听到后会非常沮丧，觉得自己毫无价值。

同理，儿女也不应随意对父母说"你老了，什么都做不好了""先放着吧，等我有时间了我来做""我都说了你什么也别做，怎么就是不听呢？你看，出事了吧"。

表面上，儿女说这些话是为父母着想，想让他们休息，实际上是在否定他们的价值，既打击了他们的积极性，也伤害了自己和父母之间的感情。

◎ 10.5 本章小结

我们来总结一下本章的核心内容。

第一，家庭是一种比较特殊的小团队，我们不能照搬管理小团队的方法，需要进行适当的调整。

第二，如何更好地处理夫妻关系？我建议用向上管理的理念"管理"爱人，和爱人的立场保持一致，对爱人忠诚，主动适应爱人的风格、弥补爱人的缺点，不要试图改变爱人。

第三,在"管理"孩子方面,我建议家长采用培养关键人才的方式培养孩子,而不是管控孩子,用激励的原理引导孩子完成富有挑战性的任务,用反馈来帮助孩子持续改进。

第四,在对待长辈方面,重点是晚辈要让长辈感受到自己的价值,多认可他们,看到并感谢他们的付出。有了晚辈的认可,长辈会更加快乐。

家庭是事业的后盾。小团队管理者不仅要在公司里带好团队,为组织创造绩效,还要做家庭的主心骨,经营好家庭。

第 11 章　创业型小团队的管理

为什么要写本章内容呢？

理由很简单。虽然创业型小团队属于小团队，上文介绍的九项管理基本功可以解决这类小团队的大多数问题，但是创业型小团队有一定的特殊性，不能照搬管理小团队的方法，管理者需要格外注意个别地方。

● 11.1　组建创业型小团队的第一件事——招人

在开始创业后，你应该已经确定了有意向的项目，也找到了市场或潜在市场，接下来最重要的事情是组建团队。

对创业型小团队而言，招聘这件事并不容易，存在多个挑战。

第一个挑战是创业公司尚不知名，很难吸引应聘者。

你通常需要支付更高的薪酬，才能吸引人才加入创业型小团队。用低于行业平均水平的薪酬招聘合适的人才几乎是不可能的，除非他们愿意和你一起创业，做合伙人，而不是普通员工。

第二个挑战是很多应聘者考虑到工作的稳定性和压力，比较排斥加入创业型小团队。

第三个挑战是招聘渠道有限，基于创业期要省钱的原则，你很难付费给招聘平台，通过它们找到候选人。

假设以上挑战对你来说都不是问题，你还要招对人，避免招来不合适的人。

下面我们来盘点一下，看一看创业型小团队管理者有哪些需要格外注意的地方。

11.1.1 招聘正式员工要谨慎

在确定开展什么业务之前，创业型小团队招聘正式员工要谨慎，即使有急需交付的业务，也要考量是否真的有必要招聘正式员工。

我的一个朋友在若干年前创办了一家公司，研发某行业的互联网产品。我当时建议他谨慎一些，他不认同，觉得自己已经是公司老板了，就要有老板的样子，不仅大张旗鼓地招聘了好几名员工，还租赁了一间很大的办公室，甚至在办公室里弄了一个茶台。

半年后，他们的产品上市了，市场反响一般。这时候，前期筹措的投资款基本上花完了，现存的资金和预计的收入无法支撑他研发第二个产品，因为他无力承担这么多员工的薪酬和社保等费用。

在找不到后续投资的情况下，裁员是保证公司暂时不倒闭的唯一出路。

很多管理者低估了员工的薪酬成本。

举个例子，如果你在广州创业，付给某员工 5000 元的月薪，公司每个月的实际支出是多少呢？

按照广州市 2023 年 1 月的最低社保基数，该员工的社保总金额约为 1530 元，其中公司大约需要缴纳 1045 元，加上员工的月薪，一共是 6045 元，这还不算公积金和生日礼金、过节费、餐补、年终奖等大多数公司都有的基本福利。

近 5 年来，广州市的最低社保基数虽然偶有波动，但是总体呈上涨趋势。此外，员工的标准工资不能一成不变，公司通常要在员工入职一年后加一次薪，否则难以留住员工。这意味着只要你招聘了一名员工，员工的薪酬成本就会不断提高。

需要说明的是，这个例子是按照最低社保基数计算需要缴纳的社保费用的，这样做并不合规，只是目前仍然被允许。如果有关部门要求必须基于员工的实际薪酬确定社保基数，社保费用会更高。

这就是我建议创业型小团队在招聘正式员工时一定要非常谨慎的原因，因为每招聘一名员工，公司的固定成本就会增加。

固定成本指的是成本总额在一定时期和一定业务量范围内，不受业务量增减变动影响而能保持不变的成本。换句话说，它是即使在没有业绩产出的情况下，公司依然要支付的员工工资、社保、公积金和办公费用等成本。

自新型冠状病毒疫情发生以来，不少公司受到了影响，一些公司甚至不得不停工停产。

公司停工停产了，没有了收入，但却既不能停发员工的工资，也不能停缴员工的社保和公积金，更不能停缴工作场地的租赁费、物业管理费、电费、水费、银行贷款利息等费用。

针对这个问题，我的建议是尽量把固定成本转换为变动成本，如尽量不招聘正式的全职员工，改为招聘非正式的兼职员工。

如果必须招聘正式的全职员工，那么管理者可以调整薪资结构，把固定工资改为基于业绩产出的变动工资，一旦遇到停工或没有项目的情况，就可以最大限度地缩减开支。

此外，创业型小团队不必急于租赁办公室。

在条件允许的前提下，管理者完全可以让员工居家办公，这也可以成为公司吸引人才的优势。

如果确实需要办公室，那么管理者可以先在创业园区租赁几个工位，这样灵活性更强，之后再根据实际情况决定是否租赁办公室。

11.1.2　尽量避免招聘新手

虽然本书倡导好的管理者应该是好的导师，要肩负起培养员工的责任，但是这句话并不适用于创业型小团队管理者。在创业期，团队每天面临各种严峻的生存挑战，管理者没有培养新手的机会。

我就犯过这方面的错误。

我曾经招聘了一个在学校里表现特别优秀的动画设计师，她看上去很有潜力，而且我的团队里有比较老练的设计师，完全可以培养她，预计 6 个月后她就可以完全上手了。

6 个月后，她果然可以上手了，她设计出来的动画基本上可以达到商用的要求，她的产出也基本上可以抵消她的薪酬成本。然而，在第七个月时，她提出了离职，因为她已经有了经验和作品，很容易找到一份待遇更优厚的工作。

回过头来看，即使她选择留在我的团队，我也不应该花那么长的时间培养她。

在培养她的 6 个月内，不仅她无法创造效益，还影响了老员工的绩效，因为老员工需要花费时间和精力教她做事，并纠正她在工作中犯的错误。

创业型小团队无法与成熟团队相比。成熟团队拥有完善的培养体系和晋升渠道，在招聘应届毕业生后，可以根据团队的需要培养他们，而且可以承受新手在入职初期无法创造效益的成本。

创业型小团队没有这么做的资本。

遗憾的是，不只是我犯过这样的错误，我身边的一些创业的朋友也犯过这样的错误，他们不断地招聘新手、培养新手、看着新手离开。

为什么会这样呢？

我认为主要有以下两个原因。

第一，他们只看到了新手的薪资要求不高，却没有意识到他们在入职初期几乎没有产出。

第二，新手往往刚毕业，看上去更容易管理，不像老员工那样"滑头"。这是管理水平较低的管理者很容易犯的大错，为了弥补自身管理能力和领导力的不足，他们更喜欢招聘听话的新手，却忽略了对员工而言最重要的即战力。

我建议创业型小团队管理者尽量招聘熟手，尤其是高手。

虽然我不太清楚其他领域的情况，但是在课程开发领域，一个高手至少能顶5个普通员工，而且这5个普通员工不是新手。

也就是说，一个高手一天能完成普通员工一周的工作，并且不需要来回修改，基本上一次过。

你可能说："我也知道高手更好，可我请不起呀！"

你可以通过以下两种方式吸引他们。

一种是股权激励，即招揽合伙人一起创业。

我见过很多创业公司一开始只有三四个合伙人，每个合伙人都是各自领域的高手，他们用一两个小时就能处理完普通员工一两天才能处理完的事情，在创业初期根本不需要招聘新员工。

另一种是兼职。

如果高手不愿意合伙创业，那么你可以询问对方能否兼职。

虽然高手在单位时间内的产出较多（如在课程开发领域，一个高手至少能顶 5 个普通员工），但是作为兼职员工，高手的报价和普通员工的报价几乎是一样的。

也就是说，高手只是看起来"贵"，实际上"性价比"很高。

11.2 创业型小团队管理者的角色

有些人误认为自己在创业后就是老板了，可以像电视剧里描绘的那样，每天到了办公室后，秘书都会端来一杯咖啡，自己只要把几个人叫到办公室吩咐几句，就可以潇洒地在老板椅上坐等创业成功了。

现实中的创业真的这么轻松吗？

11.2.1 管理者既是老板，也是业务员

很多人在创业后会产生"我是老板"的感觉，以为自己只需要做统筹管理工作，员工会搞定具体业务，还美其名曰"抓大放小"。

如果他们是在成熟公司做老板，那么这样想没有任何问题。如果他们带领的是创业型小团队，那么这样想是很危险的。

一旦开始创业，创业者就是公司的"第一业务员"，虽然需要做一些统筹管理工作，但是至少要把95%的时间和精力花在让公司活下去这件事情上，也就是做具体的业务工作、做最能为公司带来收入的工作。

有时候，创业型小团队管理者是公司的销售人员，需要向客户推销产品和服务。

有时候，管理者是公司的研发人员，需要亲自进行产品研发。

管理者有时候是财务会计人员，有时候是招聘主管，有时候是后勤人员，甚至在某些时候还得当员工的"心灵按摩大师"。

总之，管理者经常身兼数职，担任"哪里需要往哪里搬"的神奇角色。

创业型小团队管理者要记得以下两个最重要的角色：一个是能够直接为公司带来收入的角色，另一个是统筹整个团队的角色。

这两个角色大约分别占用管理者95%和5%的精力。

值得一提的是，管理者做业务并不是抢员工的工作，管理者仍然需要给员工安排任务，通过员工来完成工作。不过，管理者不能什么事情都假手于人，在某些重要时刻，管理者需要亲自上阵。

11.2.2 做管理者,关键是以身作则

管理团队有很多方法和技巧,对于创业型小团队管理者来说,关键是以身作则。

管理者不能管理自己,如何管理其他人?

创业型小团队管理者应该具备以下两种关键品格,即正直和慷慨。

正直的品格能够促使管理者做正确的事情,不做违背良心和社会道义的事情,从而让团队成员相信管理者做的事情符合正确的价值观。

我曾遇到过一个应聘者,他在上一家公司只待了一周就离职了。我问他原因,他说那家公司的业务全是靠喝酒"喝"出来的,他在那家公司待了一周,喝了好几次酒,感觉在那里做的事情不太正派,于是果断离职。

慷慨指的是管理者不能小气,要舍得分钱。

如果管理者是个小气之人,那么员工迟早会认识到,跟着这样的管理者,即使创造的利润再多,也和他们没有关系,钱都进了管理者的口袋。

一开始,管理者也许能用口头承诺吸引人才。一旦他们发现管理者的真面目,就会果断离开。

我身边有不少这样的例子。

我的朋友老张曾加入一家创业公司，一开始，老板承诺了可观的业绩提成。

由于拥有丰富的行业经验，上任不到一年，老张的业绩翻了两番。这远远超出了老板的预期，按照一开始承诺的提成比例，老张的提成可以超过百万元。

正当老张得意扬扬之际，老板却以老板娘当初没同意为由否定了一开始承诺的提成比例。

老张虽然想为自己争取，但是那些承诺是老板的口头承诺，并未写入劳动合同。

老张大呼失算，拂袖而去。

在老张离开后没多久，那家公司的业绩就下降到了之前的水平。

高明的管理者往往舍得分钱，先把赚到的钱分出去，留住骨干人才，再通过他们赚更多的钱。

不仅要舍得分钱，管理者还要善于分钱。

分钱不是"吃大锅饭"，更不是平均主义。对于真正的人才来说，它们是最大的不公。

例如，华为既舍得分钱，也善于分钱。华为提出"以奋斗者为本"，意思是只给"奋斗者"分钱，至于没有被认定为"奋斗者"的人，不仅分不到钱，反而有可能被淘汰出局。

管理者在分钱时要有明确的区分，只给关键人才和做出贡献的人分钱，而不是给所有人分钱。

同时，管理者要有明确的分钱标准，让员工知道怎么做才能获得更多的收入，清楚奋斗的方向。

11.3 激发员工的战斗力

上文介绍过，创业型小团队管理者既是老板，也是业务员。这样的角色定位导致管理者无法把太多的时间花在员工身上，无论是培养员工还是激励员工，一对一的沟通都不太现实。

这是不是意味着管理者不用管理员工呢？

当然不是。管理者应该用正确的方式管理员工，并激发员工的战斗力。

11.3.1 用目标管理员工

管理者需要进一步认识目标。

用目标管理员工的实质不只是让员工实现目标，更重要的是，管理者可以通过目标对员工进行管理。

即使管理者忙于创业，几乎没有时间管理员工，也一定要管理员工的目标。

管理者可以对整体的工作目标进行拆解，并根据不同员工的特长和岗位分配下去，让每一名员工都带着目标感开启一天的工作，每天一走进办公室就清楚地知道今天的任务是什么，而不是稀里糊涂地应付差事。

用目标管理员工的难点是,当管理者提出某个目标时,员工讨价还价,说自己完成不了,要求降低目标。

在这种情况下,管理者应该怎么办?

有两种方法:一种是"软方法",另一种是"硬方法"。

"软方法"指的是管理者对目标进行解读,并将其与员工的个人目标结合起来。

例如,在安排某个重要项目的时候,管理者不要只谈项目有多重要,而要谈项目能给员工带来多少奖金,从而激发员工的积极性。

如果员工不太在乎物质因素,或者无论项目好坏,员工的收入都是固定的,那么管理者可以和员工谈成长、谈意义。总之,管理者要结合员工的个人目标,激发员工的工作积极性。

"硬方法"需要靠制度。

创业型小团队的机制比较灵活,完全可以采用"硬方法",如把固定工资改为变动工资,也就是把目标与绩效结合起来。员工实现的目标越高,收入就越高。如果员工只完成了最基本的工作量,就只有最基本的收入。

这样一来,想获得高收入的员工自然会努力实现更高的目标。

11.3.2 用文化激励员工

文化分为显性文化和潜在文化。

第 6 章中介绍过，管理者可以通过创建积极的团队文化来激励整个团队。相关观点和方法同样适用于创业型小团队，管理者可以和团队成员共同讨论团队的愿景、使命、价值观等显性文化，把所有团队成员凝聚在一起。

除了显性文化，潜在文化也很重要。

它之所以重要，是因为人具有社会属性，在不同文化的影响下，人往往会自发地遵守相应的行为规范。

对于创业型小团队来说，确定潜在文化不算特别复杂，管理者的风格基本上可以代表团队的潜在文化，这也是上文指出创业型小团队管理者要以身作则的重要原因。

如果管理者充满创业激情，每天都精神饱满地工作，员工就会认为这样的行为是被提倡的，并逐渐呈现出这种状态。

如果管理者富有"狼性"，不断开拓市场，员工就会自然而然地模仿管理者的精神面貌。

以上两种风格具有很强的鼓动性，管理者既能用激情感染员工，也能凝聚员工，非常适合激励创业型小团队。

如果你不是以上两种风格，而是安静的风格，是不是就不适合创业呢？

当然不是。

如果你是安静的风格，不太爱表现自己，那么可以试着向员工表露你的态度和心迹，向他们宣讲你的理想和团队的愿景、使命、价值观，把你的想法告诉他们。

有些创业者不擅长当众发言，他们可以采用写邮件的方式。

我曾在一家创业公司工作过，虽然那家公司的创始人是一个不善言辞的人，但是我们每周都会收到他写的一封长长的邮件。他会在邮件中谈一谈近期公司里发生的事情，和我们分享他的感触、想法，并重申我们的目标与使命等。

每次读完邮件，我们都会热血沸腾、充满动力。

此外，管理者还要把自己对员工的要求告诉他们，让他们明白在团队中做什么事情是被提倡的、做什么事情是不受欢迎的，管理者欣赏他们什么、不喜欢的事情是什么。

否则，员工可能误认为管理者既不在乎他们的所作所为和业绩，也不在乎他们偷不偷懒。

管理者可以参考上文介绍的反馈方法，对员工进行反馈，确保所有员工都明白哪些行为是好的、哪些行为是不好的，千万不要不置可否、模棱两可。

管理者不能当"老好人"，应该时刻表明自己的态度、立场与观点。

只有这样，团队的潜在文化才能变得越来越清晰，成为约定俗成的规则，并让员工在适应文化的过程中不断修正自身的行为，从而达到用文化激励员工的目的。

11.4　本章小结

作为一个创业者，在与同行聊天时，我经常听到的一句话是"创业是一条不归路"。

这句话有点悲壮的意味，只有创业者才能领会。创业的时间越长，创业者就越难返回职场做一个准点上下班的员工。

本章的内容是专门写给创业者的，结合了我多年以来研究小团队管理的观点，以及自己和朋友、同行的创业经历，尽可能筛选出了创业者在做团队管理时最需要关注的几个要点。

第一，招人。

我建议管理者慎重考虑以下两个方面：一个是招聘正式员工要谨慎，因为一旦招聘了他们，公司就要支出固定成本；另一个是尽量避免招聘新手，因为创业型小团队管理者往往没有精力和条件培养新手。

第二，管理者的角色。

创业型小团队管理者既是老板，也是业务员。

在创业初期，管理者很可能发现整个公司都在靠自己一个人养活，自己是整个公司的价值核心。这在创业公司里不仅不算少见，反而说明公司基本上存活下来了。当然，管理者要尽快让其他员工创造应有的价值。

与此同时，我建议管理者要以身作则。

如何以身作则？

管理者不仅要冲在第一线,还要具备两种关键品格,即正直和慷慨。

第三,激发员工的战斗力。

创业型小团队管理者没有多少时间、精力和员工一对一反复沟通,应该提纲挈领,抓住以下两个关键点来激发员工的战斗力:一个是目标,另一个是文化。

用目标管理员工指的是管理者要让每一名员工都清楚自己的目标。

用文化激励员工指的是管理者是团队文化的第一代言人。通过文化,管理者不仅可以把员工凝聚在一起,还可以让员工明白在团队中哪些行为是被鼓励的、哪些行为是不受欢迎的。

最后,祝你创业成功!